上海市大学生科技创业基金会创业丛书

数创时代向善向美
——上海创业女性案例与访谈录(2019—2022)

杨震 忻敏洁 主编

上海社会科学院出版社
SHANGHAI ACADEMY OF SOCIAL SCIENCES PRESS

编委会

主 编
杨 震　忻敏洁

成 员
张　叶　黄静媛　周菁雯
黄琦珺　杨天红　姜晓玉

序 一

距2020年新冠肺炎疫情暴发已3年时间,因疫情影响,经济倦怠、行业受创,各行各业均面临巨大的冲击和考验,经济复苏成为万众所期、民心所向。习近平总书记指出,要"激发调动全社会创新创业活力","创新是社会进步的灵魂,创业是推动经济社会发展、改善民生的重要途径"。激发全社会创新创业活力,对于稳定和扩大就业,促进共同富裕,释放全社会创新潜能,推动新产业、新技术、新业态、新模式蓬勃发展等都具有重要意义。后疫情时代,如何以行业之力带动经济复苏、如何以企业之力搭上创新创业的快车、如何以人才之力助推创新创业发展,成为全社会经济发展亟待解决的问题。

从进博会到世界人工智能大会、从张江高科技园区到闵行"零号湾",创新创业的种子已漫布上海。当"充分释放全社会创新创业创造动能,使创新发展成为新时代经济发展的首要理念"的思想深入人心之时,上海这座创新创业之城已点燃更多青年创业激情,推动创新创业向纵深发展。

发展是第一要义。为了响应国家创新创业号召,2006年8月,以培育创业环境、播撒创业种子、激发创业力量为使命的上海市大学生科技创业基金会应时而生。作为由上海市政府发起的国内首家传播创业文化、支持创业实践的公益机构，自成立之初便联合社会各界展开创业倡导、创业教育、创业资助等业务，并设立了专注于扶持大学生青年创新创业的公益基金——上海市大学生科技创业基金（简称"天使基金"）。截至2022年9月底，"天使基金"累计受理创业项目申请12 817个，资助项目3 594个，其中不乏柏楚电子、泰坦科技、饿了么、爱回收等优秀项目，累计带动就业超过3万人。

近3年以来，规模较小、业务单一、资金短缺的中小微企业在疫情风雨中岌岌可危，为全力支持企业渡难关，创业基金会在各理事单位的指导支持下，了解"天使基金"资助企业所处的困境，征询上海各高校创新创业指导教师意见，并结合本市疫情防控期内各项政策要求，多次制定了扶持创业企业的阶段性调整措施。与此同时，"天使基金"资助企业也秉承社会责任，主动投身抗疫支援中：上海飒智科技有限公司生产的移动消杀机器人在医院、学校、隔离点等关键领域投入作战，"轻流"用低代码助力搭建疫情防控系统，上海谋乐网络科技有限公司为上海部署百余个智能防疫闸机……创业者们说"这是企业力所能及之事，更是我们的社会责任"。

序一

随着新时代中国创业政策不断完善、资金支持力度不断加大、项目领域不断开拓,以创业促就业的形势持续向好,青年创新创业氛围愈加浓厚。一直以来,我们在青年创新创业领域持续深耕,连续14年打造"创业丛书/译丛"系列书籍,以案例模式持续关注并记录青年创业发展现状,以期为读者学习和了解行业形势、发展提供有力支持。我们非常高兴第一次与上海海蕴女性创业就业指导服务中心合作出版此书,本书以多个真实而鲜活的创业项目呈现当前创业态势,其中不乏多个"天使基金"资助项目,为数创时代创业发展提供有力支撑,也为创业基金会"创业丛书"系列注入新动能。

"功崇惟志,业广惟勤",创新创业是一座巨大的宝库,蕴含着无穷无尽的力量,等待有志之士垂青。时代浪潮波涛汹涌的今日,正因为有了汩汩不竭的创业动力,上海市大学生科技创业基金会"创业译丛/丛书"系列才能玉汝于成。希望本书为有志于创业的朋友们提供更多新思考。

上海市大学生科技创业基金会
2022年10月

序 二

杨震和忻敏洁主编的《数创时代向善向美——上海创业女性案例与访谈录(2019—2022)》图文并茂,体现了海蕴"激发爱与美的力量"的核心价值观,可以助力女性拥有独立事业、提升社会地位与福祉,进而推动社会和谐稳定与发展。

第一部分涉及公益组织的团队建设、筹资和财务管理、运营模式和服务特色等专题。

在组织建设方面,读者(尤其是初创型社会组织的负责人)可以得到以下启发:感召力与角色定位至关重要,要反思自己是否因标准过于理想化而找不到志同道合的小伙伴。一个公司的良性循环,最佳的角色分配是:全面肤浅的领导者+片面深刻的专业员工。要学习九型人格理论,尝试黄金铁三角(第三型成就者、第六型忠诚型、第九型和平型)架构,并学会借助于志愿者等第三方的力量。

其中,用价值观感染员工,帮助员工快速成长;把员工当成家人,关心、解决员工的生活困扰,如恋爱择偶、亲子关系等建议体现以人为本的先进管理理念,会得到减少员工流失率、提高工作效率等回报。

在筹资和财务管理、运营模式和服务特色方面，读者可以得到以下启发：组织的使命、愿景不清晰将会阻碍扭亏为盈，要善于发掘其埋藏在冰山下的问题，例如，是否服务定位不准，对服务对象及其关联方的需求了解不足等。提出要精准定位服务人群，在资源有限的情况下，切勿普遍撒网。过分追求完美也容易捉襟见肘。

作者从亲身经历中归纳创业的三阶段：(1) 贴钱阶段；(2) 从其他业务补贴现有业务阶段；(3) 实现自我造血阶段。建议在资金短缺的情况下尝试寻找合伙人或合作伙伴，一起寻找对标产品，打造品牌项目。不能过分依赖政府购买项目，要挖掘项目可延伸的商机、可对接的品牌等资源。同时了解竞争者，知己知彼知客，才能百战不殆。

作者提示"烧钱"的小程序推广并不一定合理，要挖掘典型的服务案例，可以尝试与年轻的艺术家进行合作宣传，还可以通过政府背书提高社会组织的可信度。建议创业者建立公益思维，学习有关社会组织的法律、运营规则及财务体系，使得管理系统化、流程标准化。通过走访取经开拓思路，打造拳头产品。用可以深刻影响政府决策、影响社会进程的优质项目和良好绩效吸引投资。

第二部分聚焦女性创业问题,如针对初创小白如何通过商业谈判开拓市场资源问题,提出商业谈判需要遵循互补原则和可调整性原则。

在总结个人修炼、经营管理与人际交往的经验时,本书金句频出:

商业谈判不是说话的技巧,而在于能否给对方带去他所需的东西。

要有"利他"的企业愿景,用一句话说明白能够为这个社会带来什么价值,提高创始人格局。

要从"妈妈思维"转换成"老板思维",每个人都有自己的认知盲区,不急于给自己设限,要试着多学习、多交流,拓展自己的认知,站在更高的思维纬度思考,使用间隔重复法重构自己的思维模式。

不要因为自己是初创的小企业就只注重眼前的发展,要设立一个远大的目标,既要低头赶路,也要抬头看路。要做到战略和战术上都积极勤奋。要有自身的总体战略与时间节点,然后按照时间节点稳步推进。

白手起家的初创企业要善于整合资源,学会借船出海。融资不仅仅是为了钱,更重要的是投资人所拥有的资源,这些无形的资产才是更加重要的。

初创企业,不要苦恼于如何与合作伙伴分钱,而是要想办法去拓展自己的收入来源。

尽快弥补劣势,避免"短板效应",切忌急功近利。

产品与服务的市场定位"与其更好不如不同",要做到不同首先需要敢于否定自己。产品及服务模式的设计"与其不同不如更差异化"。

要定期请第三方机构或者自己形成自检意识来进行检查,从中可以发现一些潜在的隐患与风险。

紧跟第一名,先跟跑,减少试错成本。

时刻怀揣着一颗"同理心",站在他人的立场去思考,并且建立合理的心理预期。减少情绪内耗能让我们做更好的选择。

做好用户画像,分析用户的日常行为,讲述深入人心的全新故事。尝试和用户之间建立起一座情感桥梁,培养客户黏性,让客户既变成你的消费者又成为品牌的传播者。

在产品质量达到标准后,将更多重心投入品牌文化上,利用文化和服务细节吸引、感动客户。让用户主动进行宣传是初创期品牌营销的主要手法。

把握时代机遇，学习新兴宣传方式。目前短视频平台当属时代红利，但不能忽视与客户线下联络的价值。应当线上线下齐头并进、相互融合。

公司缺少核心竞争力，在合作中极易将"底牌"亮给对方，从而导致失去主导权；公司运营没有建立严格的规章制度，双方合作亦未建立正规的商业条款，不仅导致合作失败，而且无法保障自身权益。不要考验人性，也不要去质疑人性中的善，要学会用更优化和完善的制度约束他人、保护自己。

公司希望接到更多的单子与员工希望涨薪的目标其实是一致的，如果想完成公司的目标必须将其转化为员工的目标，提高绩效，激发员工斗志。

建立客观公正的价值评价体系对一个公司的发展尤为重要。团队管理需要树立标杆，让20%的标杆去影响80%的人，去改变团队现状，然后正向激励，让标杆文化变成一种常态。

找股东要和找老公一样慎重，一定要进行资源能力互补匹配。选择团队核心成员，"三观"要合，并且与时俱进。企业初创期应当找认同自己的员工，要多进行深度的访谈。员工离职是最好的反思自己前期行为的时候。

序二

跳脱原来固有的思维世界，学会从更长的时间跨度和更大的空间跨度去看问题，明白眼下的失败是一种及时止损，是问题的暴露，也预示着新的机会与启示。

人在情绪激动时做出的决策往往是不理智的，把人从问题的旋涡中抽离才能更好地发挥自己的复原能力。

学会在不同的环境中无缝切换自己的人格面具，这不是一种伪装，而是一个人心理成熟的标志。

用一双善于发现的眼睛，发现身边的人和事有哪些改变和成长，伴随着他们的成长，自身也能获得成就和乐趣。

不再拘泥于事业与家庭的二元对立，子长母成，事业与家庭共生共赢。

将生活和工作中的经历以及感悟用纸和笔记录下来，在人生的时间轴上任何一件微小事件所带来的情绪影响其实都是短暂的，在漫漫的人生经历中，过往情绪皆为浮云，而留下的都是成长的养分。

这些金句值得读者仔细咀嚼、感悟、举一反三，深得其要领者可以避免误入歧途。

第三部分是女性创业访谈,收集了上海优秀创业女性的故事,如数家珍。读者从中可见以下16个女性创业成功者的风采:

这些受访者不仅容貌靓丽、气质高雅,而且有创新思维、有智慧、有胆识、有毅力、有爱心。其中的王彦博不仅乐于捐赠,还成长为作家——于2011年出版了《心灵契约》一书。

姜晓玉率领的"遇农"团队成为城市与农业生活的链接者,先后参与了家乡多种农产品的品牌推广,并与当地中蜂合作社打造了"陇间蜜酿"品牌,利用文创包装的方式实现了土蜂蜜的利润翻倍,还引领年轻人助力乡村振兴。

周蓉组织残障人就业,制作精美的便签本,由听障设计师设计、肢体残障者制作生产、智力残障人士包装,令人感动不已。

实践证明,女性创业离不开政府和社会大众支持,普陀区妇联主办的"孕育乐享丽人创业计划"女性创业大赛,促使参赛者更全面地考虑商业模式、企业风险控制等要素,做商业计划书就是一个提升自我的过程。

对此,高千钧曾自豪地说:"女性经济独立会带来从容感和安全感,当面对职场发展和创业压力的时候,这种独立意识会支持你继续走下去。如果女性始终是围着孩子转,围着灶台转,围着老公转,那么会失去自己的意识,慢慢地就变得不自信。"因此,在能够有能力出来工作的时候,她建议女性要勇敢走入社会,去寻找和实现自己的社会价值。她喊出了女同胞的心声。

王燕艳认为,女性创业更加注重形象和产品设计的艺术感,在人文领域有很大的优势。解决问题的方式不是非黑即白,柔性地处理往往带来意想不到的效果,这也是女性创业者的优势。

从这些创业女性的经历来看,创业确实是一个不断"升级打怪",遇到困难克服困难并蜕变成长的过程。所谓的光辉岁月,并不是后来闪耀的日子,而是无人问津时,你对梦想的偏执。这些女性创业成功的实例正在发挥着同伴教育的功能,可以预见,在本书的感召下,女性创业将如雨后春笋般蓬勃兴起。

第四部分是政策建议,包括扶持创业女性在新冠疫情中复工复产的建议与"三孩政策"下如何通过支持女性创业就业平衡女性"生育权"与

"发展权"提案,为诸多项目成果之结晶,使项目不仅落地生根而且影响深远。海蕴在调研的基础上起草的政策建议兼具必要性与可行性,这种推进性别平等事业的使命感令人肃然起敬。

本书的语言在朴实中闪露文采,如海滩拾贝,给人惊喜。例如,像维系婚姻一样以股权激励,或者共同的价值观的方式,让团队中的人感受到大家是一个共同体,在共同孕育一个"新生命"。可以考虑加入CCO(企业文化官)的角色,为员工提供团建、文化培训,凝聚向心力。

作者巧用类比,善于深入浅出地揭示深奥的理论问题,例如,以雁行中自动替补疲倦领头雁的自然界奇观来诠释团队梯队建设的意义及途径。又如,作者阐释人力资源管理诀窍,明确用钱激励只是冰山一角。在冰山之上的是可视化的元素,例如金钱、福利等激励机制,而隐藏在冰山之下的是个体的内在态度与潜意识,蕴含着巨大的能力,是可以实现自我激励的元素,如态度、个性、价值观,等等。因此,在招人、留人、育人的时候要了解清楚他们的态度、人心的本质。

关于公益组织的性质与意义的论述,显示出作者的高格局和广视野:

序二

"公益是一片云去推动另一片云,一个心灵去召唤另一个心灵,一个生命去影响另一个生命,一个人参与公益能使一座城更显卓越。"读者品鉴这些文字可以净化心灵,这种高屋建瓴、富含哲理、生动形象的箴言足以引领公众爱心传递。

本书之所以在女性创业、守业与发展的理论和实践方面均有重要价值,是因其集海蕴近年来所做诸多项目成果之大成,包括上海市妇联初创女性关爱助力工作坊、女性社会组织私董会、普陀区"孕育乐享"丽人创业计划、静安区智慧女性"慧创助力行"、浦东新区"俪人创客"女性创新创业大赛、黄浦区创懿黄浦荟、青浦区青瑛汇创创业女性发展计划、"紫玉兰"女性企业成长计划等,其中凝聚着诸多导师的心血与智慧,犹如众星捧月。

相信读者阅读本书后,会感谢作者奉献的珍贵的精神财富!随着海蕴项目的不断拓展,我们有理由期待一系列新书面世,将持续性惠泽后人。

中华女子学院法学院教授　刘明辉
2022 年 10 月 14 日于北京

前 言

女性创业是推动性别平等、促进经济包容性增长的重要手段。女性创业的稳健增长已经成为推进我国新型城镇化建设、乡村振兴、供给侧改革以及实现经济社会持续发展的助推力量。

"激发爱与美的力量"——上海海蕴女性创业就业指导服务中心（以下简称海蕴）从建立之初就确立了这样的价值主张。经过7年的不懈努力，在相关政府部门、社会各界和广大创业女性的关心和支持下，海蕴探索出一套行之有效的女性创业赋能方法，即包括"自我认知""系统学习""模式检验""问题管理"和"持续赋能"在内的"女性创业五步法"。

在女性创业的筹备期，我们相应开发了女性创业测评工具，从创业知识、创业能力和创业素质三个维度对创业者进行测评，为女性创业者客观认识自我，发现自身优势和不足提供了有效方法。同时，我们鼓励女性创业者借助于其他心理学测评工具，对自身的性格特点、优势等进行分析和借鉴。自我认知的目的，是让女性创业者扬长避短，知人善用，提升自我管理和领导能力。

在女性创业的筹备期、初创期，我们通过需求调研、专家研讨和迭代

前言

更新，对应开发了8个模块22门课程，帮助创业女性进行系统学习。8个模块包括：创业思维、产品与服务创新、市场营销、财务管理与融资、创业团队、商业模式、数字化转型和团队共创。通过对以上创业课程的系统学习，帮助创业女性弥补知识短板，建立系统化的创业思维。

在女性创业的初创期，我们通过组织项目路演、女性创业大赛等活动，鼓励创业女性编写商业计划书、参加大赛和路演，以及运用MVP（最简化可实行产品）的方法进行模式检验。模式检验的目的是梳理和建立商业逻辑，主动征求创业指导专家、投资人和用户的反馈，打磨项目商业模式，对产品服务进行优化迭代，规避重大的市场风险，确立正确的创业方向。

在女性创业的成长期，我们借鉴U型理论和私董会的方法，帮助女性创业者进行日常的问题管理，提高发现问题、分析问题、解决问题的能力。私董会是一场萌生新的理解与共识的深度群体对话。我们定期组织女性创业者围绕创业成长期普遍面临的商业模式、市场营销、团队建设、资金管理、危机突破等各种问题与困难，在主持教练引导下，与到场的创业指导专家共同进行集体思考，激发认知潜能，鼓励女性创业者理解和掌握问题管理的方法并运用到日常的运营管理中。

在女性创业的成长期、加速期,我们通过多种赋能方法助力女性创业者的持续运营。一是陪跑赋能：通过创业指导专家陪伴式辅导,帮助她们提升领导力；二是平台赋能：通过把创业女性推荐到各类平台,使她们开阔视野,获取更多的社会资源；三是社群赋能：通过建立创业女性社群,帮助她们拓展人脉,扩大交流与合作；四是影响力赋能：通过媒体、自媒体,树立女性创业的样板典型,弘扬向上向善向美的女性创新创业精神,营造有利的社会舆论和环境；五是设计赋能：通过对接设计资源,帮助她们提升产品创新能力；六是资本赋能：对接金融机构,帮助她们提高抵御风险的能力,加速企业发展。

经过反复的实践验证,"女性创业五步法"得到了广大创业女性的普遍认可。我们将与时俱进,以女性创业的需求为出发点,继续完善课程体系,创新工作方法,惠及更多的创业女性和关联方,践行海蕴"激发爱与美的力量"的核心价值观,助力女性拥有独立事业和提升社会地位,推动经济社会发展和文明进步。

"女性创业五步法"来自并服务于为女性创业赋能的所有项目的实

践。本书所涉及的项目包括：上海市妇联初创女性关爱助力工作坊、女性社会组织私董会、普陀区"孕育乐享"丽人创业计划、静安区智慧女性"慧创助力行"、浦东新区"俪人创客"女性创新创业大赛、黄浦区创懿黄浦荟、青浦区青瑛汇创创业女性发展计划、"紫玉兰"女性企业成长计划等。

本书的第一部分为女性社会组织典型问题。社会组织是解决社会问题、帮助政府行使职能的第三方机构。而女性社会组织作为由女性领导或专门服务妇女儿童的组织，在各类公益事业中发挥着至关重要的作用。本部分从社会组织的人才培养和组织建设、筹资和财务管理、运营模式和服务特色三方面进行深入的问题挖掘、原因分析和对策建议，为社会组织提高运营管理和社会服务能力提供借鉴。

本书的第二部分为女性创业典型问题。由于创业活动面临的不确定性，创业女性每天都会碰到市场、业务、团队等各方面的现实问题，海蕴在承办市妇联初创女性关爱助力工作坊等项目过程中，不仅帮助创业女性学会系统思考和解决问题，而且积累了大量的案例，我们从中精心挑选出部分典型问题，期待为更多创业女性提供借鉴。

本书的第三部分是上海优秀创业女性的访谈录,其中既有王彦博等成功的女企业家,也有陈海芳等新生代优秀创业女性,还有姜晓玉等优秀的女大学生创业代表,她们积极向上、勇于拼搏的精神,坚守初心使命、不忘社会责任的情怀,催人奋进,感人至深。

本书的第四部分是关于女性创业调研、提案报告,其中《"三孩政策"下如何通过支持女性创就业平衡女性"生育权"与"发展权"》一文荣获2021年度上海市妇女代表十佳"好建言"。

我们十分感谢上海市妇联、上海女性社会组织发展中心、浦东新区妇联、普陀区妇联、徐汇区妇联、黄浦区妇联、静安区妇联、青浦区妇联等妇联组织多年来给予我们的指导和大力支持;感谢中国妇女发展基金会、上海市大学生科技创业基金会、中国建设银行上海市分行、亚洲基金会、上海玛娜数据科技发展基金会、静安区社会组织发展专项资金、水莲基金会等给予我们的资助和支援。我们十分珍视在与以上部门和组织合作开展项目过程中形成的知识成果。本书将这些项目成果选编出来,以期让更多的相关方受益,也期待得到更多专家的审阅和指导。

目 录

序一 / 001

序二 / 001

前言 / 001

一、女性社会组织典型问题　　　　　　　　　　　001

初出茅庐的社会组织,如何找到志同道合的小伙伴? / 003

团队激励困难重重,你还以为只是钱的问题? / 007

在市场化人力成本和公益收入下,社会组织如何借用商业手段突破发展瓶颈? / 011

社会组织缺资金、发展慢? 这里有你想要的筹资吸引力构建方法! / 016

社会组织还在持续亏损? 创新筹资渠道、扭亏为盈看这里! / 021

"金主爸爸"是社会组织永久的资金渠道吗? 小心陷入"资金陷阱"! / 026

深耕多年的公益组织,如何理出一条品牌线,实现组织品牌化? / 030

做个"老娘舅"好难,面对多方需求冲突,社会组织如何平衡? / 034

从"项目"到"产品",公益项目如何实现设计包装可复制? / 039

二、女性创业问题 045

初创小白如何通过商业谈判开拓市场资源,看看这份锦囊里的妙计…… / 047

真性情对待工作伙伴却遭到"背叛",身心压力如何释放? / 052

被追捧的营销神器"社交电商",为啥到我用时就不灵?这里有你想要的运营法宝! / 058

如何通过创新设计让无形服务"会说话"?资深设计大咖带你领略产品创新的魅力! / 063

设计师品牌如何实现低频转高频消费,促进企业可持续发展? / 068

员工太佛系怎么"破"?如何管理90后销售团队? / 072

后疫情时代怎么做市场营销?如何玩转新媒体? / 077

中小微企业税务筹划怎么做?仅仅是钱的事吗? / 083

核心团队如何组建与稳定? / 088

疫情下，创业企业要坚持聚焦 or 选择多元化？ / 093

专业化服务平台如何融资？ / 097

每个女孩都有一个书店梦，追寻诗与远方的路途也需要水和面包 / 101

在纷繁复杂的角色里，她如何更好地做自己？ / 106

初创餐饮品牌如何在众多的竞品中抢占一席之地？ / 110

数字化时代，如何实现线上、线下用户的相互转化？ / 115

提升女性领导力，助力团队成长 / 119

如何用个人 IP 转化客户 / 124

揭秘股权设计的底层逻辑 / 129

三、女性创业访谈　　　　　　　　　　　　　　　　　133

践行"蓝海"精神，不忘初心，砥砺前行，她是"人力资源行业"的领航人 / 135

从咨询师到 CEO，她开创了用信息技术为企业赋能的新模式 / 143

数字赋能企业升级，她站在数智化转型的风口逆势飞扬 / 151

目录

以服务为根本,用真诚直击客户内心 / 158

一路果敢,一路强大,成就"汽车后市场创业梦" / 165

国际金融专业毕业,跨界为艺术家的她,大不同的创业成长之路 / 173

从做生意到创事业,因爱重新定义声学材料的女创客 / 180

女性永久美丽的秘密:独立、坚强与自信 / 186

育源职业技能培训学校:营造女性职业技能培训的沃土 / 192

益路同行公益促进中心:让"角度"之花开满"天使"之路 / 198

成长以痛吻我,而我报之以爱 / 205

从零起步,面对疫情打开文旅新方向 / 212

复兴民族文化的巾帼力量 / 217

共创社群,孕育新业态 / 223

"遇农"和大学生一起,做有故事的农产品 / 229

夷合——远方的朋友请留下来 / 235

四、报告提案 241

创"懿"有方,复工复产,"疫"不容辞! / 243

"三孩政策"下如何通过支持女性创业就业平衡女性"生育权"与"发展权" / 250

数创时代向善向美
——上海创业女性案例与访谈录
（2019—2022）

一、女性社会组织典型问题

初出茅庐的社会组织,如何找到志同道合的小伙伴?

"钻石"(问题提出者)拥有一家文化公司,面向市场开展传统文化的教育培训。2018年,"钻石"新成立了一家社会组织,主要与社区、学校合作开展公益课程。目前,团队拥有1位全职工作人员(主要负责活动的组织安排)及数位兼职人员。但是随着项目的深入推进,再加上由于组织运营负责人前不久的离职,"钻石"陷入了困境,期望能够在有限的资金下寻找到志同道合的综合型人才。

本期活动由上海海蕴女性创业就业指导服务中心理事长杨震主持,特邀国家二级心理咨询师陈赢与人力资源资深专家董铭霞担任现场顾问。与会人员通过两轮有效提问,认为"钻石"找不到志同道合的小伙伴的主要原因在于她对组织发展状况认定不清,缺乏团队规划,对于初创型组织,标准过于理想主义,大家结合各自的经历,给"钻石"提出了针对性的意见和建议:

一、自我修炼:提升组织与负责人的魅力与感召力,有了光,人员、资源、机会自然会被吸引而来。

二、珍惜当下:在没有合适人选的情况下,放下对"志同道合"的执着,着力培养身边的人。

三、找准定位:根据短处与长处,找准个人在组织中的定位,明确哪一部分的工作是需要领导者做的,哪一部分是必须要聘请全职员工做的,又有哪一部分是志愿者可以承担的。

四、学会借力：借助于志愿者的力量，不断激励他们，把他们培养成组织需要的人才；或者考虑以与第三方合作的方式去解决现阶段的问题。

两位顾问老师针对所掌握的情况，提出了具体的意见和建议。

一、九型人格中的创业团队——黄金铁三角

> 第一型完美主义者：完美者、改进型、捍卫原则型、秩序大使
> 第二型助人者：成就他人者、助人型、博爱型、爱心大使
> 第三型成就者：成就者、实践型、实干型
> 第四型艺术型：浪漫者、艺术型、自我型
> 第五型智慧型：观察者、思考型、理智型
> 第六型忠诚型：寻求安全者、谨慎型、忠诚型
> 第七型快乐主义型：创造可能者、活跃型、享乐型
> 第八型领袖型：挑战者、权威型、领袖型
> 第九型和平型：维持和谐者、和谐型、平淡型

每个人的人格特质是不同的，分析自己的人格属性，找到互补的人格特性的合作伙伴。创业有黄金铁三角：第三型成就者、第六型忠诚型、第九型和平型。通过三股力量的均衡，达到创业团队的平衡点。

"钻石"团队中离开的小伙伴就是属于第三型，精力充沛、灵活能干、善于演说，可是最后却离开了，这是因为他们关注自我，如果在一个地方得不到成就感与满足感，就会离开。团队中需要这样的人，但是要做好他们会离开的心理准备。由此，需要第六型忠诚型的存在，帮助调和第三型成就者的冲动与过于自信，向团队不断发出"这真的可以吗"的提问。最后，还需要第九型和平型的人员，适时调解团队矛盾。

二、如何吸引志同道合的小伙伴？

1. 建立标准与目标。首先，要建立一套组织运行的准则，包括人员进入的标准、退出的应对规则，以及激励的标准。其次，明确组织大目标，并建立各项小目标，而后分派至团队中的个人。

2. 孕育共同体。分分合合很正常，切忌过于焦虑。对待团队，就像维系婚姻，以股权激励，或者共同价值观的方式，让团队中的人感受到大家是一个共同体，在共同孕育一个"新生命"。

3. 创造良好的团队环境。创业环境纷繁复杂，很容易改变初心，因此可以考虑加入CCO（企业文化官）的角色，为员工提供团建、文化培训，凝聚向心力。

三、领导者定位

1. 找准领导者定位。没有完美的领导者，一个公司的良性循环，最佳的角色分配是：全面肤浅的领导者＋片面深刻的专业员工。

2. 雁行理论——共同分担，让有能力的人冲到前面。大雁的领导工作是由群众共同分担的，虽然有一只比较大的大雁会出来整队，但是这只领头雁疲倦时，它便会自动后退到队伍之中，另一只大雁马上替补领导的位置。所以，团队要积极培育新人，使队伍形成良好的梯队，共同分担前方的困难。

3. 切忌自我设限。问题的解决，需要不断进行自我尝试，如果不尝试，那么问题永远都是问题。

教练总结提出，"钻石"所负责的公司与社会组织的业务类似，没有区分，二者必然会出现冲突、相互掣肘的现象。针对此类情况，首先需要做好两者间的顶层设计；其次是借助于性格测试工具，如霍兰德职业兴趣测试、MBTI等，方便更好地进行团队配置，明确自己的性格，寻找到与自己互补的人进行合作；最后，社会组织的创始人也是创业者，需要不断提升自己的创业素质和创业能力，通过课程学习与评估看到自身存在的问题，以知识赋能，最终达到创业成功。

团队激励困难重重，
你还以为只是钱的问题？

"钻石"（问题提出者）是一家社会组织的负责人，目前拥有团队成员4人，一起工作一年半左右，仍处在亏损阶段。2019年，"钻石"期望可以从项目执行中脱离出来，去拓展新业务，实现机构的造血功能，可是这样势必会增加团队伙伴的工作量，在钱没有到位的情况下，仅仅依靠情怀，无

法实现员工激励,对此她深感困惑与无力:在资金短缺的情况下,如何对员工进行有效的激励?

通过两轮有效提问之后,大家认为造成"钻石"现状的原因有两个方面:

在项目上:没有把握好服务对象的需求,服务缺少吸引力。根据马斯洛需求层次理论,"钻石"的服务对象无温饱问题,最主要的问题是"爱与尊重""自我价值实现",在项目设计上存有问题。

在顶层设计上:钻石缺乏自信心与领导力,且组织的使命、愿景不清晰。

在主持教练的带领下,与会的伙伴和现场顾问积极热情地探讨发言,通过两轮提问环节及分析问题环节,帮助"钻石"找到盲点,进而发掘其埋藏在冰山下的问题,结合各自的经历为"钻石"提出针对性的意见和建议:

一、人力抽离,关注服务对象自身的驱动力。通过树立积极、有号召力的典型案例、鼓励服务对象的家人一起参与等方式,将组织的人力、财力从烦琐的项目中抽离出来,把时间放在更多可持续发展的事情上。

二、领导力修炼,增强感染力、自信心。学会用价值观感染员工;对于行业充分了解,给予员工专业的指导,帮助他们快速成长;同时,让员工了解组织的发展方向和前景,增强员工对组织的信任与信心。

三、关心员工,把他们当成家人。不定期安排福利,比如组织体检、聚会等。把员工当成家人,关心、解决员工生活中遇到的困难,如恋爱择偶、亲子关系等。

四、建立自主、创新性的组织文化。营造放松、开放的组织氛围,领导者要学会适当装傻,让专业的人做专业的事,让员工有权限放开手去做事。

本期活动特邀上海市创业指导专家范岑君、卢韫实担任现场顾问。全程参与的两位顾问老师针对掌握的情况,提供了具体的意见和建议:

一、建立组织价值,做好产品设计。"由你发起的事情,那么你就是这件事情的造梦人"。公益组织要学会通过组织的使命、愿景、价值观,去拉动、吸引他人。组织的价值不是乌托邦,而是与商业社会一样有着商业模式、竞争对手的可执行、可落地的事业。同时,做好产品设计,明确产品能够关联哪些人,明确他们的需求,鼓励并吸引他们参与其中。

二、用钱激励只是冰山一角。明确一点:有钱也不一定能做好员工激励。恰如一座冰山,在冰山之上的是可视化的元素,例如金钱、福利等激励机制。而这些只是冰山一角,隐藏在冰山之下的是个体的内在态度与潜意识,蕴含着巨大的能力,是可以实现自我激励的元素,例如:态度、个性、价值观等。因此,在招人、留人、育人的时候要了解清楚他们的态度。

三、寻找有共同价值观和自我驱动的伙伴。在短期资金短缺的情况下,尝试寻找合伙人、合作伙伴。建立彼此间相同的目标与信任感,通过有效的工作成果,激发精神价值。

四、提高项目收益，从根源解决问题。解决激励问题的根源仍然在于项目本身，而"钻石"目前仍然缺少模式，对服务对象的需求也没有把握清楚。建议：

（一）深入挖掘服务对象的需求，提升服务价值。例如"钻石"目前的服务对象是孩子，其关联方还有父母、家庭等，因此要深入了解关联方的诉求，以此提高产品和服务的精准性和价值性。

（二）寻找对标产品，打造品牌项目，提升组织影响力。在品牌的基础之上，不断扩大服务地域，实现自我造血。

主持教练杨震以自己所创办的社会组织为例，提出了组织发展的三个阶段：(1)贴钱阶段；(2)从其他业务补贴现有业务阶段；(3)实现自我造血阶段。前两个阶段是助燃阶段，过程纵然艰难但是要坚持，相信柳暗花明又一村的力量，不断打磨产品，吸引新的项目。从 ToG 到 ToB，做好服务对象的划分，实现自我造血。在员工激励方面：首先，设计有价值的项目，不断让员工可以通过工作得到成长；其次，让员工之间形成自组织，创造友爱的团队氛围；最后，在可承受的范围内，尽可能地给予员工物质激励。

在市场化人力成本和公益收入下,社会组织如何借用商业手段突破发展瓶颈?

"钻石"(问题提出者)是一家社会组织的联合发起人,目前所承接的公益项目还没有实现盈利,且存在人力成本占比较高、志愿者流动性强、招募难的问题。对此,她希望能够借用商业化的手段来突破组织发展的瓶颈,使得工作人员及志愿者更加稳定,组织发展更具可持续性。但是对于如何拓展服务的购买方、如何平衡众多的利益相关方,"钻石"目前还没有很清晰的思路。她的困惑在于：在市场化人力成本和公益性收入下，社会组织如何借用商业手段突破发展瓶颈？

在教练的主持下，通过两轮有效提问之后，大家认为造成"钻石"现状的原因主要有以下两方面：

在模式上：产品过于单一，过分依赖政府购买项目，没有思考过背后的盈利模式，从而无法与各界建立联系，成本占比过高。

在方法上：项目缺少合理的规划与复盘，前期没有做好资源统计、成本核算；后期没有根据问题对产品进行合理的再设计。

在主持教练的引导下，与会的伙伴和现场顾问积极热情地探讨发言，结合各自的经历为"钻石"提出了针对性的意见和建议：

一、资源置换，抱团取暖。不要闭门造车，要挖掘和梳理组织的利益相关者，通过自身的优势与劣势，做好资源的整合，多力量完成项目，多渠道提高影响力。

二、丰富产品、拓展市场。公益项目要通过政府购买的服务，建立有政府背书的品牌。而后,丰富产品设计,撬动更多市场。在具体行动上,可以设计周期较短的产品投放到市场,通过市场这块试金石,进行产品研发。

三、行动方法——建立项目包,也即在每一个项目实施前,设立一个项目包,具体包括如下两个表:

1. 人员配置表:第一层是核心成员:较为稳定,拥有相同的使命、愿景、价值观;第二层是外聘团队:招募而来,需要做好员工激励;第三层是合作伙伴(个人):理清需求,做好资源置换;第四层是商业合作:增收渠道。

2. 可对接资源表:包含项目中可延伸的商机、可对接的品牌。

本期活动特邀上海市创业指导专家刘玮、国内知名运营从业者社群——运营研究社的联合创始人王佳伟担任现场顾问。全程参与的两位顾问老师针对所掌握的情况,从竞争者、团队、领导者这三方"人"的角度提供了具体的意见和建议:

一、领导者

1. 梳理,而后执行。现场的参与者们做了很多分析并提供了有用的建议,除了做好记录与梳理,最重要的是找到其中的一点或几点,即刻就开始行动和改变。

2. 霹雳手段行菩萨心肠。公益和商业不是对立面,最好的公益是用商业模式做公益。商业模式的核心是价值呈现,一个项目的评估标准在于"市场纯粹化",即脱离眼下的购买方,是否还有其他市场。通过这个标准,设计优质的产品,才能实现可持续发展。

二、竞争者

知己知彼,百战不殆。找优秀的同行业竞品,知道对手是谁,了解他们的亮点和优势,包括活动设计、组织故事、可复制点……进而对组织自身的产品进行评定和改进,及时复盘,形成良性闭环。

三、团队

挖掘"人"背后的核心诉求。提炼出组织特有的价值观,围绕宗旨和使命开展工作,充分满足员工和其他利益相关者对组织的期待。每个人来到组织的目的不同,要做好区分,满足需求,从而将人力成本控制在可控范围内。

主持教练杨震提出,可以从"支付"的三个角度来理解社会组织的价值与初心:

1. 无力付费,主要针对没有购买力但有需求的弱势群体。
2. 无人付费,主要针对环保等责任主体不明确的社会公共问题。
3. 无从付费,主要针对身边一些有大量需求但无从解决的问题。

除了社会价值,鼓励大家通过政府购买服务努力打磨好自身的产品,让组织越来越专业,找到自身的市场价值。

首夏犹清和,芳草亦未歇。与会者们分享了他们的"毕业"感受:

C女士:我是这里的老学员,通过这三次的参与,对整个民非组织的生态,包括组织形式、工作形式等都有了更深的了解。从无序变成了有序,希望继续学习。

Z女士:三次来这里学习,每次都有不一样的感受,这个月,我刚刚扩大了自己的营业范围,并且在项目投标上也成功地中了两个,很开心,发生了从内而外的改变。

T女士:这是我第二次来参加私董会,听到现场伙伴们的分析和建议,看到大家的成长,自己也深受启发,非常期待和大家深度合作。

Z女士:私董会的组织形式和交流方式很有效,在深度沟通、畅所欲言的场域内,对于女性社会组织而言是非常棒的互动社交体验。

T女士:上次私董会之后,我也去竞了一个标,是之前没有尝试过的事情,结果中标了,觉得特别开心。

C女士：还是不太想毕业,所以已经报了下一期的"财——筹资和财务管理"。

J女士：感谢女性社会组织私董会这样一个平台,让我们有了一个资源共享的平台,也像老师说的那样,我们都成长了。

社会组织缺资金、发展慢？这里有你想要的筹资吸引力构建方法！

"钻石"（问题提出者）是一家社会组织的负责人，该组织提供科普教育、预防及早期干预服务。服务对象有社区老人、企业白领、高校学生。目前，绝大多数的资金来源于政府购买服务，也有少部分资金来源于一家红酒企业的捐赠。未来，她期望可以在全国范围内进行教育推广，但是现有资金无法满足发展需要,而在面向企业和基金会筹资时也是困难重重。她提出的问题是:社会组织如何向企业、基金会筹款?

在教练的主持下,通过两轮有效提问之后,大家认为造成"钻石"现状的原因在于:

1. 产品服务缺乏量化分析。服务效果缺乏数据支撑和客户故事,对于基金会和企业而言没有吸引力。

2. 产品缺乏亮点、体系过于单薄。现有产品主要以科普和说教为主,市面上类似的产品或服务已经很多,用户的体验不足。

3. 购买方没有找对,现有的资助企业相关联性低。究竟谁是你的服务对象,谁会为你的产品买单,"钻石"没有找对。

4. 宣传力度不够,缺少前期的策略规划。只是在执行一场场的活动,没有站在一个更高的角度去思考问题。

在主持教练的引导下,与会的伙伴和现场顾问积极热情地探讨发言,通过两轮提问环节及分析问题环节,帮助"钻石"找到盲点,进而发掘隐藏的问题,结合各自的经历为"钻石"提出了针对性的意见和建议:

1. 制订阶段性的策略方案,找准客户定位。政府、企业、基金会的需求是不一样的,因此需要制定不同的策略,并且每隔一段时间都要重新审视。

2. 改变宣传方式,尝试更新颖的方式。如挖掘典型的服务案例,尝试与年轻的艺术家进行合作宣传。

3. 做好活动总结,主动量化效果。服务没有量化的数据难以实现可持续发展。因此要在日常工作中做好积累,包括覆盖的人群、解决的问题、亮点故事、成效数据等,从这些量化的效果中挖掘出精准客户。

4. 改变思路,拓宽渠道。"钻石"可以考虑向医院筹款,医院缺乏临床数据,社会组织可以做前期的样本采集工作,成为医院分析研究工作的前期外包团队。

5. 产品要丰富,定位要清晰。以重要、普遍为基本原则,设计制定多类型的产品,精准定位每一个项目的服务对象。

6. 筹款前提在于产品设计与定位,建议:

① 调整品牌和项目的名称,目前名称与实际产品的关联度不大。

② 精准定位服务人群,在资源有限的情况下,切勿普遍撒网,明确组织的服务人群。

③ 梳理、总结过去项目,从过去项目的评估结果中修正项目设计。

7. 一步一个脚印。先做好政府项目,做出效应和量化数据,而后再考虑扩大资金来源的问题。

8. 架构、格局、情怀。首先,社会组织的项目内容是值得肯定的。但是,目前"钻石"点对点的推广方式过于低效,建议扩大合作伙伴、丰富产品线、运用互联网的方式去做架构,打开新的格局。

9. 充分挖掘服务对象的资源。一般来说,服务对象中也有许多潜在的客户。

本期活动特邀芯麒明信息科技(上海)有限公司创始人兼总经理凌菊、曾任职于全球顶级咨询公司BCG和知名投行的资深投资人敖琳琳担任现场顾问。全程参与的两位顾问老师针对掌握的情况,提供了具体的意见和建议:

一、谁为你买单?谁是你的可合作对象?(针对本期健康行业的"钻石")

1. 关注 CMO(Contract Manufacture Organization,即全球生物制药合同生产),即接受制药公司的委托,提供产品生产时所需要的部分服务。除此之外,还包括有研究需要的医生、医疗机构等。

2. 聚焦有支付能力的人。可以选择与高端养老社区、机构进行合作。找到实际愿意付费的顾客,而后找到他们背后的利益相关方,这些才是会买单、会合作的人。产品可以做延伸,合作对象要找到契合点。

二、如何宣传？

"钻石"期望可以在全国范围内进行推广普及，那么一场场的落地活动或者"烧钱"的小程序推广并不合理，试着讨巧、高效地去推广，下面提供两个思路：

1. 对接有热度的媒体资源，如与健康相关的《人世间》等纪录片。

2. 将现有的"手指舞"产品植入广场舞中，达到爆发式的效应，"大爷大妈"里也有KOL。

三、小的社会组织如何做到规模化？

建立政府合作的稳定关系，通过政府背书提高社会组织的可信度，学会挖掘资源。靠自己很吃力，因此还要扩大合作伙伴的网络，巧借他们的渠道进行规模化。

四、筹款问题可以分解为两个延展问题，即有什么资源、为什么要筹资。建议：

1. 梳理亮点：比如核心产品、竞品分析；

2. 不妨往前多走一步：

① 拓宽服务内容(寻找主营业务的增值服务,增加客户黏性);

② 增加数据成效(对内做战略规划,对外做价值吸引);

③ 提前做好财务管理、预算管理(明确组织想要多少钱、要做什么事);

④ 思考还能在哪些方面再往前走一步。

五、耐得住寂寞、吃得起苦。

社会组织有较长的成长周期,不会在短期内带来很多的现金流和资金。因此,需要沉下心来,在细分的专业领域内做出品牌,做出效果。

社会组织还在持续亏损？创新筹资渠道、扭亏为盈看这里！

"钻石"是一家社会组织的负责人，本着协助政府、服务社会的爱心与热忱，她开始了自己的公益之路。一路走来，已承接过不少项目，如创业服务、美学沙龙、文化类移动讲堂等。随着一个个项目的执行，问题也显现而来，她发现项目几乎都是贴钱在做，不仅遭到了评估机构的质疑，组织发展的可持续性也遇到了阻碍。对此,她期望可以用创新的方式增加项目的筹资渠道,盘活整个项目,扭转持续亏损的现状。

在教练的主持下,通过两轮有效提问之后,大家认为造成"钻石"现状的原因在于:

一、愿景和使命

愿景、使命是组织的生命线,但是"钻石"的团队内部没有做过梳理,使命和愿景不明确,导致产品庞杂,没有说服力和吸引力。

二、项目设计

1. 服务对象不明确,各个项目之间的跨度过大。

2. 项目缺少可持续发展、阶段性设计的思维方式。

3. 前期设计考虑不全面,没有对项目整体进行合理规划,预算和实际执行存在较大的偏差,所以导致亏损过大。

三、组织团队

1. "钻石"本身是企业出身,组织团队内部没有让专业的人做专业的事。

2. 过分追求完美,有多少钱做多少事,想给的太多,所以捉襟见肘。

3. 没有充分认识到社会组织的性质,没有处理好公益与商业的关系。

在主持教练的带领下,与会的伙伴和现场顾问积极热情地探讨发言,为"钻石"提出针对性的意见和建议:

一、认知革命

1. 建立一个认知:在项目设计上,未来要更加注重公益资源的盘活。社会组织是一个平台,要了解利益相关者的需求,将政府、企业等与服务对象建立有效链接。

2. 建立公益思维:学习了解有关社会组织的法律、运营规则及财务体系。

二、组织的再梳理

1. 梳理过去的项目、未来的计划,明确组织的使命愿景以及业务方向。深耕一个方向,建立标准化的服务,降低成本。

2. 从企业家到公益人,转变思路,调整负责人在组织中的角色定位。做好内部分工,聘请社工等熟悉公益语言的人,让专业的人做专业的事。

三、聚焦产品

筹资渠道是有限的,但是产品创新是无限的。回归到产品本身,做好开发设计。例如"钻石"所做的项目很多与文创相关,建议利用好线上资源、开发好文创产品、讲好文创故事、引导捐款者需求。

四、拓宽筹资渠道

1. 社会组织的筹资渠道:政府、基金会、企业、个人、自筹资金等。

2. 渠道的拓宽

① 部分业务,尝试公益性收费。

② 众筹:在众筹平台上向公众募集资金以支持其项目运作。

③ 链接:项目设计要链接好利益相关者,明确需求,讲好背后的故事,实现筹资渠道的拓宽。如涉及城市文化,可以考虑将商场链接进去。

3. 获得捐款的机会

① 明确资助方实际可获得的价值。

② 项目实施后,有效改变的效益提升数据。

③ 累积经验和服务反馈。

本期活动特邀上海大学管理学院教授、大简资本创始人孙继伟,上海真爱梦想公益基金会政府公共事务部门总监汪静佳担任现场顾问。全程参与的两位顾问老师针对掌握的情况,提供了具体的意见和建议:

一、明确不同类型的捐款人在想什么

在商业领域,投资人追求的是利润,但在公益领域,捐款人的实际需求是多种多样的:

1. 政府：通过社会组织的项目执行实现社会治理。

2. 个人：感召力、同情心、满足感。

3. 企业：企业责任、品牌宣传。

4. 基金会：社会组织的运营能力。

二、从 0 到 1

明确组织初心，专注特定领域，不断打磨项目。设计符合需求、打动人心、切中社会痛点的项目。好的项目自然不缺捐款人。

三、募款先募心

1. 放心：财务公开透明，告诉捐款人钱去了哪儿。

2. 用心：及时评估，让捐款人从图表和数据中看到服务对象的改变。

四、让公益组织走向财务自由

1. 积累组织的第一桶金。考虑社会企业的运营模式，公益和商业并行，以商业反哺公益。

2. 用现有的公益项目挖掘更多的利益相关方,吸引他们捐款或者捐资源,增加手头公益项目的收益;或者用现有公益项目找到更多的资助方,开发类似的新项目。

3. 在条件允许的情况下建立公益基金会,甚至是公募公益基金,自我造血。诺贝尔基金的钱为什么花不完?除了有其他人的捐款,还因为有效的资金打理使得资产不断翻倍。

"金主爸爸"是社会组织永久的资金渠道吗？小心陷入"资金陷阱"！

"钻石"是一位公益环保组织的运营负责人，所在社会组织的理事长是一位相关行业背景的企业家。日前，她接到了一块面积不小的土地，全权委托给她开发为公益科普基地。过去虽然她也承接过一些公益项目，但是还没有过这样大型的公益基地运营经验，她开始担忧自己和团队无法胜任,抱着兴奋和担忧,她向各位前来寻求帮助:在企业提供资源的情况下,社会组织如何更好地筹划项目?

在教练的主持下,通过两轮有效提问之后,大家认为造成"钻石"现状的原因主要有以下三方面:

一、社会组织不够独立。背靠企业,缺少组织本身的使命、愿景、价值观,对企业过分依赖,缺少独立性。

二、缺少可行性调研报告。项目目标是什么?环保领域是热门公益话题,可否与政府对接?服务对象是谁?他们的需求是什么?没有充分挖掘需求,导致现有的策划构想与其他类似项目同质性过强。

三、陷入了资源的"陷阱"。团队的能力、心态还不足以承受这个资源,因此显得有些仓促。

在主持教练的带领下,与会的伙伴和现场顾问积极热情地探讨发言,帮助"钻石"找到盲点,结合各自的亲身经历为"钻石"提出针对性的意见和建议:

1. 盘点资源、细分定位:与有企业背景的理事长多做沟通,共同商议如何去做,充分挖掘背靠的企业可提供的各项资源,如人员、政府资源等。充分了解手上资源的优势与劣势,基于这些可以调动的资源,细化设计项目。

2. 走访取经、开拓思路:学习与组织相关的优秀案例,从他们的案例中打开新的思路。基于"钻石"的项目,可以走访学习:上海油罐艺术中心(有创意)、上海老港垃圾填埋场(内容震撼)……

3. 调研需求、塑造品牌:做可行性的需求调研,基于大家的需求,再设计有特色的品牌项目。如设计为上海最全的植物汇总基地、科普建筑垃圾的历史博物馆……

本期活动特邀上海市财政局财务管理中心特聘会计专家龚少芳、公益筹款人联盟顾问兼代理秘书长钱琳霖担任现场顾问。

全程参与的两位顾问老师针对掌握的情况，从解决思路和财务这两个角度提供了具体的意见和建议：

一、谁来解决社会问题、怎么解决社会问题？

学会区分清楚哪些是社会组织解决的，哪些是只能由商业组织解决的。"钻石"所处的环保领域是最没有争议的全球性社会问题，因此解决"环保"这个社会问题需要从多个层次去思考：

1. 从产业链当中去减少伤害，防患于未然，这是商业组织需要去做的。公益组织可以去做宣传、倡导，同时保护企业家想要承担社会责任的那颗热心。

2. 社会组织和企业携手搭建平台，撬动更多组织加入其中。例如：让所有关注环保的人来到"钻石"的这个公益基地，欢迎所有人入驻，一起实验，做知识的宣传平台。

3. 社会组织做公益产品,基于实际需求,落地解决大众所需。意愿和能力要匹配、决心和资源要匹配。本期话题看似企业给了社会组织一个资源,但其实是企业把它的社会责任推给了社会组织,要学会区分什么是你的事儿,什么是企业的事儿。

二、尝试更多的资金获取路径

1. 公益性收费:公益活动≠不能收费。无论是半公益的项目设计,让服务对象自己来买单;还是获得企业产品捐赠,将产品进行公益性出售……

2. 政府购买服务:如何获得政府的资金,除了项目的设计,最主要的是要做好资金的预算,在实际开展过程中做到有效使用、科学管理。

即便背靠企业,社会组织还是要学会独立,探索自己的资金获取路径。

除两位顾问导师给出的中肯建议之外,主持教练杨震老师分享了自己的感悟:

当公益组织出现资金问题的时候,都会尝试去寻求企业的帮助,但是企业的帮助是否会影响到社会组织的使命,这是值得公益人去深思的问题……厘清社会组织和企业组织各自的使命和初心,找一个共同的交接点,如果发现暂时找不到,那么暂且搁置也未尝不可,避免为了资源而公益,掉入资源的"陷阱"中。

深耕多年的公益组织，如何理出一条品牌线，实现组织品牌化？

"钻石"（问题提出者）所在的社会组织扎根公益领域多年，拥有专业的社工团队，在多个领域开展综合服务，提供全人服务。深耕多年，为了突破发展瓶颈，全新升级了2.0版本使命。而面对庞杂广泛的承接项目，如何包装亮点品牌，公益服务产品该如何包装推广，实现品牌化？

在教练的主持下,通过两轮有效提问之后,大家认为造成"钻石"现状的原因主要有以下几个方面:

一、组织的历史基因问题。一方面,社会组织借鉴的国外模式在本土化的过程中不断改良,发展至今演变成了一个庞杂体系,由此导致了品牌定位难;另一方面,在过去,社会组织对于品牌的重视度不强,缺乏累积。

二、过于"佛系",缺少创新。初代的使命已经实现,组织内部整体的危机感不够强,内部缺少强有力的创新驱动者,人才结构比较单一。从机构的发展来看,服务的异质性和竞争力不够。

三、服务产品太广,没有做精。组织发展缺少拳头产品,想要实现组织的使命愿景,缺少一个可以深刻影响政府决策和社会进程的项目。

四、陷入"被购买方牵着鼻子走"的陷阱。由于服务付费和服务使用者的分离,使得社会组织过分关注服务的购买者,而没有关注服务的使用者。

在主持教练的带领下,与会的伙伴和现场顾问积极热情地探讨发言,结合各自的经历为"钻石"提出针对性的意见和建议:

一、顶层设计与使命愿景

公益品牌与组织的顶层设计息息相关,厘清组织的使命、愿景、价值观,才有可能找准自身需要建立的品牌是什么。一方面要不忘初心、牢记使命;另一方面要厘清社会需求,不断创新升级,砥砺前行。

二、依据社会组织的生命周期理论,发起变革

社会组织创办多年,发展至今已经走到了成熟期,需要重新定义组织的内部与外部环境,主动变革人员、业务、制度。

三、总结梳理过往多年积累的项目

这是老牌社会组织的品牌升级过程,并不代表过往做的事情没有价值,考虑:

① 组合,打造拳头产品。

② 总结,提供社会问题的具体解决方案。

③ 归类,建立体系。

四、结合内部优势+用户需求,与时俱进,推动产品升级。

公益行业在不断地升级变化,客户群也在不断改变,所以要与时俱进,做调整。重新思考客户是谁?客户的需求是什么?如何更好地利用组织的优势?针对钻石的具体情况,大家建议:

① 从服务社区,到服务社会组织。

② 针对社会工作者,开班培训,开设大赛。

③ 走出上海,回应外省市的需求。

本期活动特邀 NFTE 全球创业指导基金会高级培训讲师张燕,中国众创联盟理事长、华创俱乐部会长许炳担任现场顾问。两位顾问老师针对掌握的情况,提供了具体的意见和建议:

1. 创造有生命力、实际成效的产品

公益产品要不断迭代更新,在产品的升级迭代过程中,关注成效,逐渐形成品牌。对此,张燕老师列举了上海市慈善教育培训中心的品牌塑造案例:

中心专注解决弱势群体的就业问题,从最初为残疾人提供技能培训,到为来沪女性提供就业技能培训,再结合创新创业的浪潮,提供各类创业培训。除了持续关注社会需求的变化,迭代更新公益产品,他们尤为关注项目的实施成效,例如:有关就业的项目,他们提出了50%的就业率,有关创业的项目,他们推出了后续服务体系,持续更新追踪,同时收集成功的创业案例。在此基础上,他们成功扩宽了服务的购买方:如基金会、高校、教委……

2. 品牌打造的思考维度

品牌是一种识别度,能够使用户鲜明地识别出组织的特点。服务多年,"钻石"的组织其实已经有了一定的积累,接下来要做的是梳理和拔高。建议围绕以下几个维度去做构建和传播:

① 自身定位是什么:为什么做这件事情,你的能力是什么?

② 服务群体是谁:服务大众还是服务小众?

③ 品牌的定位:从哪个角度让别人记住你的社会组织?

除两位顾问导师给出的中肯建议之外,主持教练杨震老师分享了自己的感悟:

品牌是定位出来的,也是探索和走出来的。社会组织在发展初期,可以坚持定位在某一个具体的领域,结合多个社会需求,做"交集",在一个看似狭窄的点上不断打磨产品,建立品牌。而后,从"交集"拓展至"并集",拓展自己的产品与项目,打开品牌维度与购买渠道。

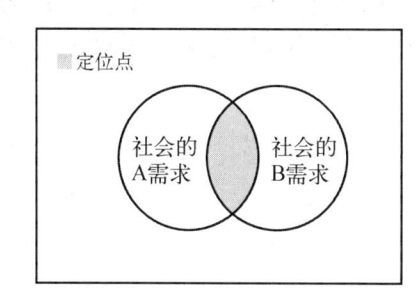

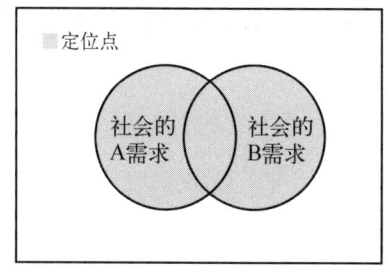

从"交集"至"并集"

做个"老娘舅"好难，面对多方需求冲突，社会组织如何平衡？

社工专业出身的"钻石"（问题提出者）扎根公益领域多年，一直保持着初心，期望可以立足于服务对象的需求，为他们提供服务，帮助他们焕发生命光彩，促进社会进步。然而，在承接服务的过程中，她常常陷入一个两难的境地，即项目购买方期望提供的公益服务难以回应服务对象的

真正需求,面对这样的矛盾,她感到困惑不已,有时甚至只能选择放弃承接该项服务。那么,当项目购买方与服务对象的需求产生矛盾时,社会组织如何平衡?

本期活动由上海海蕴女性创业就业指导服务中心执行主任忻敏洁担任主持教练,在教练的引导下,通过两轮有效提问之后,大家认为造成"钻石"现状的原因主要有以下几个方面:

一、社工理念本土化过程中的实践悖论。根据社工理念,社会组织应当自下而上,呼应民生所需。然而本土化的实践过程中,往往是自上而下地设计并开展服务,由此导致了冲突和矛盾。

二、项目设计缺少影响力和说服力。服务的购买方为何"不买账"?一方面是没有看到足够有力的需求调研数据;另一方面是服务缺少成效和社会影响力,由此而导致无法打动购买方。

三、组织管理者的能力与认识有待提升。社会组织作为第三方、作为声音的传播者,实际上需要调和的是不同阶层之间的冲突问题。目前,"钻石"对需求和问题认知存有片面性。

四、组织的管理制度和策划能力有待加强。只看到了需求的不同,没有尝试用社会组织的团队能力去灵活地缓和矛盾。

在主持教练的带领下,与会的伙伴和现场顾问积极热情地探讨发言,结合各自的经历为"钻石"提出针对性的意见和建议:

一、自创项目,摆脱购买依赖。基于服务对象的需求与组织能力,自主设计项目,在能力范围之外的,寻求专业机构的合作,逐步摆脱对购买方的依赖。

二、融合需求,寻找未来可能。评估判断合理需求,并且尝试用组织自身的方式去融合需求。通过良好的成效,争取下一次的机会可能。

三、传播声音,加强说服力。社会组织不仅是服务者,更是声音的传播者。搭建一个需求的收集与反馈平台,做好需求调研,以图文的方式有力反馈给服务购买者。

四、组织提升,内外兼修。对外,建立承接项目的标准,并且随着组织的壮大,不断提高标准。对内,寻找督导的帮助,调节社工内心的理念矛盾,不断提升工作能力。

本次活动特邀上海市政府采购评审专家许田、乔杰创创业服务公益平台创始人周杰担任现场顾问。

作为上海市政府采购评审专家,许田老师从项目购买方的角度给出了具体的建议:

一、制度层面:项目承接前,建立风险应对的预案和制度。组织内部讨论风险,评估是否承接该项目。

二、向外学习:寻求督导、专业社工等人员的帮助,广泛听取优质建议。

三、自我学习:学会读懂社会,提升个人知识的广度和深度,建立包容力、理解力和判断力。例如:学习解决冲突的专业课程,学习MBA课程中的案例分析。

四、多元筹款,降低风险,自我强大。广泛拓展项目的购买渠道,不做购买方的"伙计",而是成为他们的"伙伴"。

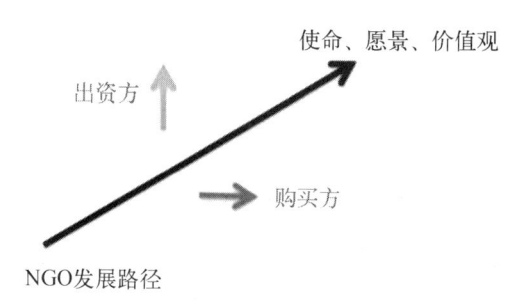

```
                使命、愿景、价值观
         出资方 ↑
                  → 购买方
   NGO发展路径
```

社会组织在发展路径上或许会受到出资方和购买方的影响,但要始终秉持初心,不断积累能量,强大组织,向使命与愿景进发!

乔杰创创业服务公益平台创始人周杰老师则从商业的角度给大家带来了新的启发:

一、分析需求

刚需 or 伪需求?可解决的需求 or 不可解决的需求?高频需求 or 低频需求?大众需求 or 小众需求?持续增长性的需求 or 一次性需求?

学会分析需求,掌握那些"刚需、高频、大众"的需求,就是掌握了市场机会。

二、建立社会问题的解决方案

1. 解决路径:一是自己解决;二是联合解决。

2. 关键:社会组织最重要的是运营,包括宣传、组织策划。在这个过程中,购买方的需求较为宏观,而社会组织需要做的则是细化。在满足购买方宏观需求的前提下,灵活地增加活动流程,满足服务对象的需求,或将他们的需求传递上去。

三、社会组织的发展阶段:"小的时候要活,大的时候要规范"

第一阶段——生存阶段:广泛承接;

第二阶段——发展阶段:融合需求;

第三阶段——自主阶段:敢于筛选。

除两位顾问导师给出的中肯建议之外,主持教练忻老师分享了自己的感悟:

本期的关键词是"冲突"。社会组织的特别之处就在于身处多元而复杂的社会关系体系中,购买方、需求方、评估方,当冲突来临时,则能理解其必然性,并更好地面对。未来大家在面临冲突时,可以多些思维角度,不是只有"做"与"不做"这两种选择,或许还有一种选项叫做"其他",期望大家多相聚,我们在一起,寻找更多的可能性。

从"项目"到"产品",公益项目如何实现设计包装可复制?

"钻石"(问题提出者)是一位经验丰富的为老服务社工,近期成了一个长达10年公益养老项目的新任项目主管,致力于为独居、空巢老人提供服务,这个项目做出了成绩,也得到了政府的支持和认可,亟须在别的社区乃至上海市进行推广。然而,在项目推广的过程中,她遇到了诸多难

题：项目扩张速度过于迅速，人手不足，加上新老员工交接，光是保证项目顺利执行就已经十分勉强，没有足够的时间和精力去对整个项目做一个系统化、流程化的梳理，想把项目包装成产品但又不知道怎样去设计项目才能使之具有可复制性。于是，她带着诸多困惑来到了现场……公益项目如何设计包装可复制？

在教练的主持下，通过两轮有效提问之后，大家认为造成"钻石"现状的原因主要有以下几个方面：

一、项目扩张速度过快。项目在短时间内扩张速度过快，项目本身标准性不足，缺乏指导性的项目流程化文件，导致人员支持跟不上扩张速度，无法很好地去推行项目。

二、项目设计缺少标准化思维。不同社区提供的志愿服务内容不统一，受到志愿者特长影响因素过大，这影响了项目的可复制性。社会组织没有自上而下给所有志愿者进行标准化培训。

三、组织的项目策划能力有待加强。只顾着将眼前的项目做完，没有

去用实际行动来将项目流程化、标准化。

四、组织机构人员流动性大。项目管理理念、经验随着人员流动而流失,导致项目不可复制。

五、项目创新能力不足:传统项目没有进行根本性的创新,项目评估效果不够显性化,导致服务性收入不高、购买渠道单一,主要依赖于政府购买。

在主持教练的带领下,与会的伙伴和现场顾问积极热情地探讨发言,为"钻石"提出针对性的意见和建议:

一、管理系统化、流程标准化

可以用OA系统来进行日常行政批复,留住档案资料,保留服务经验。定期对项目进行系统梳理。

二、与时俱进,优化服务内容

淘汰过时的服务,总结提炼具有参考性的经验,形成服务指导手册。

三、推行时间银行概念

低龄老人为高龄老人提供服务,所提供的志愿时长可以在以后得到兑现,老了以后可以去时间银行支取时间来得到服务。

四、服务项目商业化输出

公益项目也可以适当收费,来使目标受众进一步精准化,得到更真实的反馈,可以将公益项目进行调整,比如一定程度地商业化来满足不同人的需求。

本期活动由上海海蕴女性创业就业指导服务中心理事长杨震担任主持教练,特邀上海市静安区社会组织联合会会长顾维民、玛娜数据科技发展基金会发起人张唯担任现场顾问。

作为上海市静安区社会组织联合会会长,顾维民老师从公益项目设计、政策、人员、宣传等多种发展角度给出了具体的建设性建议:

一、关于公益项目设计的原则

① 发现需求：项目立项前一定要做好需求调研，设计项目是为了达到满足受众需求的目的。

② 与时俱进：就像5年前的老人需求和现在老人需求已经大不一样，再过5年，老人的需求又会和现在老人的需求不一样了。服务对象的需求会随着时间的流逝不断进行变化，因此项目也一定要和受众需求一起与时俱进。

③ 创造需求：公益产品设计构思的时候要有一种前瞻性、创造性的眼光去创造需求。

二、开拓购买渠道

在做项目的时候就要考虑到不同购买方的不同需求，做到降低风险、自我强大。有意识地开拓收费性项目，减少对政府的依存度。

三、招募有公益情怀的员工

要保证人员的稳定性，除了提高工资之外还要在招聘的时候选择有公益情怀的员工，具有公益情怀大致有两点：

① 关心社会问题：比如，会去关心十几个儿童里就有一个自闭症这种社会问题。

② 利他性：乐于奉献去帮助其他人。

公益是一片云去推动另一片云，一个心灵去召唤另一个心灵，一个生命去影响另一个生命，一个人参与公益能使一座城更显卓越。

四、行动、思想统一

社会组织必须宣传自己，才会形成影响力。既要把自身的工作做好，也要对自己的活动进行宣传，来扩大影响力。没有宣传就相当于在黑夜向你的亲人眨眼睛，做再多的努力别人也是看不到的。我们要做对的事情，要一直坚持下去，这是基于道义的和人生方向的选择。而把事情做对，是我们能力的体现。这两者结合在一起就是行动和思想的统一。

玛娜数据科技发展基金会发起人张唯老师则根据管理基金会的经验

给大家带来了新的启发：

一、项目需求调研数据化、显性化：测试目标受众的需求到底是什么，在项目进行过程中不断进行扩充，复盘讨论，通过分析数据将项目效果具象化。

二、社会组织和机构的紧密联系："钻石"所做的项目最大亮点不是项目本身，而是项目推行十多年以来和项目所推行的社区所建立的长久的、持久的关系，这种信任才是最重要的资产，社会机构的价值通过这个角度来发挥。

三、和其他机构广泛合作：公益组织不必亲自去做每一件事，自身机构不具备的专业条件可以去尝试与其他专业机构合作共同完成，可以进一步提升机构的价值。

数创时代向善向美
——上海创业女性案例与访谈录
(2019—2022)

二、女性创业问题

> 初创小白如何通过商业谈判开拓市场资源,看看这份锦囊里的妙计……

"钻石"(问题提出者)于2018年开始创业,主要是开发和销售科教玩具类产品,团队具有互联网基因,有着较强的执行力和供应链管理能力,目前是线上、线下渠道相结合,并取得了很好的成效。为提升产品附加值、拓展市场边界,她期望将产品由单纯的玩具销售升级为"科教类课

程+材料",但受限于现阶段团队的研发能力,她期待通过与其他课程开发机构合作的方式达成目标,但在商务谈判的过程中,关于销售分佣、版权归属等问题,她产生了困惑。

在教练的引导下,通过两轮有效提问之后,大家认为造成"钻石"困扰的根本原因在于:

1. 领头人缺乏商务谈判能力,商务谈判需要一定的技巧和方法。
2. 初创企业自身力量薄弱,产品缺乏核心竞争力与发光点。
3. 品牌宣传工作欠佳,宣传效果不好。
4. 自身体系竞争力不足,市场定价定位模糊,导致在销售分佣上出现困惑。
5. 合作模式存在缺陷,没有找到对的合作对象。
6. 缺乏长远打算,有点急功近利。
7. 商业模型不太清晰,产品优势不明显;合作对象的信息梳理欠缺。

大家结合各自的亲身经历为"钻石"提出了针对性的意见和建议:
1. 商业谈判不是说话的技巧,而在于能否给对方带去他所需的东西。

了解、发挥自身优势资源,并且精准把握合作方的需求。

2. 梳理。整理可合作对象的名单,并且做好分类,找出重点合作的对象,比如早教中心、幼儿园等。

3. 产品打磨。依托自身产品,打造具有品牌特色的产品吸引消费者。从劣势分析入手,尽快弥补劣势,避免"短板效应"。做好品牌宣传工作,利用线上线下模式综合宣传,提高品牌影响力。

4. 提高市场竞争力。了解市场定价,根据定价核算利润,做好项目预算,进而提高市场竞争力。

5. 不要忽视公益机构的力量。加深与公益机构的合作和交流,促进资源共享,让产品与服务走入社区与学校。

6. 改变合作方式。初创企业在自身能力还不强大的情况之下,可以考虑找一个缺乏营销能力的老师进行合作,专注于产品开发,提高核心竞争力。或者考虑加盟课程,依托体系发展,打造爆品,用单个产品开拓市场。

7. step by step。不用一口吃成胖子,一步一步慢慢来,先把自身发展好,等待自身成熟之后,再考虑合作,为未来的谈判争取更大的筹码。

8. 精准定位。考虑明白究竟是做产品还是服务,找到适合自己、符合企业发展现状的市场切入点。

本期活动特邀上海市中小企业上市促进中心副主任顾月明和乔杰创创业服务公益平台创始人周杰担任指导专家。全程参与的两位顾问老师针对所掌握的情况,也提供了具体的意见和建议:

一、企业修炼——理清商业模式,拓展收入来源。

所谓的商业模式,即两个问题:明的收入来源是什么?潜在的收入来源有哪些可以去开拓?初创企业不要苦恼于如何与合作伙伴分钱,而是要想办法去拓展自己的收入来源。单一的收入模式撑不下去,努力挖掘潜在收入来源,增加谈判砝码。

二、商业谈判

（一）前期准备

1. 搜集情报：知己知彼，方能百战百胜。在商务谈判的过程中，掌握越多的合作方信息，就越能把握谈判的主动权。把握对方的真实需求和处境；了解对方的谈判目的、心理底线；对合作方对我们的期望值做一个预判。

2. 整理筹码：整理自己的资源和实力，做好谈判准备。明确自己拥有哪些现有资源、哪些未来资源。当自身谈判缺少筹码时，与对方谈零风险合作；随着自身谈判筹码的增加，不断提高对合作方的要求。

（二）商务谈判的原则

1. 互补原则：性格互补、资源互补、优势互补。

2. 可调整性原则：所有的合同是有期限的，在商务谈判中，所约定的协议、股权、合同，切忌长时间全面框定。因为与合作方的商务合作需要时间来磨合，而后不断进行调整与修订，最终才能找到一个最佳的合作模式。

三、白手起家的初创企业要善于整合资源，学会借船出海。

1. 资源整合。商务谈判要学会从0到1整合资源，例如：本期的"钻石"在没有课程研发团队的情况下，可以尝试寻找有能力但是没有胆量单干的老师，这是较为符合企业发展现状的可合作对象。利用现有资源整合双方擅长的领域，合作开发市场。

2. 自创。搜集市场上的现有产品，做现有资源集成，打包成综合性的产品概念。然后再寻找合作伙伴去进行商业谈判，谈成了再去做。

3. 共创。本期的"钻石"是教育行业，参与活动的女性中有妈妈，也有同处教育行业的女性，她们都是"钻石"潜在的合伙人。愿意报名课程的妈妈属于消费者，也是可发展的投资者，如果能鼓励她们每个人出一部分钱，共同投资、众筹产品，成为"钻石"的LP(有限合伙人)，那么资金就不愁了；后者拥有资源，如果她们成为"钻石"的GP(普通合伙人)，共享招生渠道,那么市场就不愁了。建议"钻石"打磨自己,提升影响力,而后寻找共创的合伙人。在基于相互认识、信任的基础上,多方联合,结成联盟,共创谈判筹码。

"钻石"分享感言:感谢蜜思黄浦荟、海蕴和两位大咖老师的赋能!工作坊的形式让我敞开心扉,收获成长,在此分享三点感受:

一、把心放大一点:每个女性有 N 个不同的标签,转换不同的身份做最好的自己,减少情绪内耗能让我们做更好的选择。

二、坚持:参访估值过 10 亿美元的极链科技,5 年的发展告诉我们,选对方向、坚持做事很重要的是要耐得住寂寞、守得住繁华。

三、在一起,战未来:感谢姐妹们的指点,老师的全盘商务谈判技巧受益颇多。最后希望姐妹们能相互抱团取暖,共创有爱的事业!

真性情对待工作伙伴却遭到"背叛",身心压力如何释放?

"钻石"(问题提出者)是一名职场新女性,一路走来,披荆斩棘,终于在自己的领域内闯出了一番小天地。她自信开朗、与人为善,和自己的商业合作伙伴相处时,她无话不谈、以友待之,积极热情地为对方提供最大的支持与帮助。然而,对方不仅终止了与她的合作关系,而且还"挖墙脚",带走其团队中很重要的一名成员。面对这种"背叛","钻石"一方面觉得自己的付出没有得到回报,深感失落;另一方面,关于如何平衡工作利益与个人感情,她陷入了怀疑与纠结。

在教练的引导下,通过两轮有效提问之后,大家认为造成"钻石"困扰的根本原因在于:

1. 含着蜜糖长大,受的挫折太少。生活与工作中,即便你付出了情感,有一部分人与事也很难被感化,"钻石"对待人际关系的期望值较高、接受力不够。

2. 错误的情感投射。与原生家庭的亲密体验使得"钻石"不自觉地想要再创美好,并且将这种信任关系错误地折射到了合作伙伴的身上。

3. 较强的自我意识。一厢情愿的付出不一定能得到他人的回报,因为每个人都是不同的,不能把自我的意识强加到他人身上。

4. 过分看重情感归属。与合作伙伴的关系可比作恋爱与婚姻,恋爱追求纯粹的情感,而婚姻则不然,它具有更多的属性。"钻石"过分看重情感,没有认识到与合作伙伴的关系其实更像婚姻,双方之间不仅仅是情感链接,更是利益的共同体。

5. 公司运营缺少"护城河"。一方面,公司缺少核心竞争力,在合作中,极易将"底牌"亮给对方,从而导致失去主导权;另一方面,公司运营没有建立严格的规章制度,双方合作亦未建立正规的商业条款,不仅导致合作失败,而且无法保障自身权益。

大家结合各自的亲身经历为"钻石"提出针对性的意见和建议:

1. 学会接受不圆满。生活中,遭遇伤害是一种常态,对待可能出现的分歧与不好的结果,时刻怀揣着一颗"同理心",站在他人的立场上去思考,并且建立合理的心理预期。

2. 以运动修复压力。通过运动锻炼去释放长期储存于神经系统和身体里淤积的压力、负能量,转变自我形象,感受生活的喜悦感。

3. 提升自我格局。跳脱原来固有的思维世界,学会从更长的时间跨度和更大的空间跨度去看问题,明白眼下的失败是一种及时止损,是问题的暴露,也预示着新的机会与启示。

4. 切忌"一朝被蛇咬、十年怕井绳"。"钻石"身上有很强大的能量和满满的热情,这是很美好的品质,不要因为个案的发生而对自己产生质疑,继续用热情去吸引打动他人。

5. 放宽对人性的理解。不要考验人性,也不要去质疑人性中的善,学会用更优化和完善的制度约束他人、保护自己。

6. 情感上放下,方法上解决。情感上,不要沉浸于悲伤,想办法去解决问题。方法上,明白问题不一定都是源于外部(合作伙伴),主动从内部(团队)解决问题,实际了解团队需求,打造走心的员工文化,防止团队人才的流失。

7. 做好界限划分。理性对待朋友与工作,学会处理各类人际关系。像维护婚姻关系那样维系与合作伙伴间的关系,不仅仅是感情,还要建立更多的链接,做到相互信任、优势互补、利益兼顾、协作运营。

本期活动特邀国家二级心理咨询师、社会心理学讲师陈赢老师和渣打银行(中国)有限公司金融市场营运部总监张永佳老师担任指导专家,两位顾问老师针对掌握的情况,也提供了具体的意见和建议:

(一)内外兼修,保持身心健康

1. 理性面对情绪,有情绪时不做决定。人在情绪激动时做出的决策往往是不理智的,把人从问题的旋涡中抽离才能更好地发挥自己的复原能力。

2. 学会记录。将生活和工作中的经历以及感悟用纸笔记录下来,在人生的时间轴上任何一件微小事件所带来的情绪影响其实都是短暂的,在漫漫的人生经历中,过往情绪皆为浮云,而留下的都是成长的养分。

3. 关注身体。运动能促进大脑分泌内啡肽,顺应体内应激激素的作用,在心跳加快、肌肉充血、血压升高时运动有助于释放能量,缓解压力。

(二)挖掘自身的"依恋模式",学会与自己和解

依恋关系理论认为:儿童期的依恋关系对于日后的人格发展有很大的影响。一个健康的人能够不断地与父母进行情绪上的分离,与人相处时能够处理好"我"的位置。通过分析童年的"依恋模式"来帮助理解自己的生活:

安全型:父母的离开,对父母有不舍,但是待父母回来之后,会特别强烈地要和父母拥抱和接近。

回避型:父母的离开,似乎都没有察觉到,对父母缺少依恋的感觉,父母回来之后,依然没有很强烈地要靠近父母。

焦虑/矛盾型:父母的离开,表现出极度的不舍,感觉十分焦虑和痛苦,而待父母回来之后,一方面非常想要和父母靠近,另一方面似乎对父母有些"生气"而不愿意靠近。

客观分析消极行为产生的原因,理解自己的依恋模式,学会与自己和解。依恋模式虽然是稳定而难以改变的,但仍然可以有意识地改变一些行为和思维方式,减少非安全依恋模式的影响。

(三)调整个人的边界设置

在一段关系中,可能会在无意识间传递出一种"无私、可以被随意侵犯"的错误信息,当感觉受到委屈时,试着问自己:"我是如何允许别人伤害我的?"在人际交往中、在与企业合作前,表明自己的立场和原则,建立简单明了、严肃规范的边界设置。

(四)人际关系网络:强连接和弱连接

社会学家格兰诺维特提出:人际关系网络可以分为"强连接"和"弱连接"。

简言之,"强连接"是经常接触和交流的人,社会网络同质性较强;"弱连接"是指并不太频繁接触和见面的陌生人,社会网络异质性较强。有研究表明,给予更多机会的往往是"弱联接"。因为私交很深的"强联系"会

知道你的弱点,这部分人群恰恰不适合成为工作伙伴,而且由于社会网络的同质性较强,他们也无法提供多样化的资源。因此,要学会经营好"弱连接",让自身增值。

(五)多了解一些人格面具,多一些宽容

学会在不同的环境中无缝切换自己的人格面具,这不是一种伪装,而是一个人心理成熟的标志。如何对待父母、朋友、合作伙伴、爱人,在不同的人际交往中,切换不同人格面具,承担不同的社会角色,努力做一个有弹性的人。

主持教练总结道:人际关系是一个持续交往的过程。不要害怕问题的暴露,因为越早暴露,就可以越早解决。尝试化解矛盾、修复关系,或许会使得关系更上一层楼。同时,在一段关系建立之初,可以借用MBTI等性格测试工具,了解自己、了解他人,寻找合适的相处之道。最后,学会关注身心平衡,在保持心灵健康的同时,多多运动,寻找一个更加向上的自我。

被追捧的营销神器"社交电商",为啥到我用时就不灵?这里有你想要的运营法宝!

"钻石"(问题提出者)在当了妈妈之后,希望能有更多的时间来陪伴孩子,但也不想放弃事业,于是在2018年9月便萌生了创业的想法,主打产品是科教玩具。近两年,社交电商如日中天,"钻石"也在2019年1月开始做线上和社群,目前主要通过在各大社交平台上做内容的方式来获

取流量,吸引粉丝并引流入群。经过几个月的实践之后,"钻石"发现通过社交电商来获取流量不仅成本高,而且用户黏度差。目前"钻石"的用户主要是"半熟人",从社交平台吸引来的粉丝不仅量少,而且转化率很低,要想做好品牌运营似乎道阻且长。因此,如何通过社交电商的方式做好品牌运营也成了"钻石"头疼的问题。

大家就"钻石"提出的问题重新定义引发了更多更深层次的问题点,如:

1. 没有比较过竞品,不清楚自身产品的竞争优势。
2. 过于依赖线上,忽略了线下市场的开发。
3. 未结合亲子教育开展前期调研工作,不能精准地定位客户群体。
4. 未对创业做规划、定目标,不清楚应该在哪个方面集中探索和发展。
5. 未对客户做深度挖掘,忽略对垂直领域的拓展。
6. "神化"社交电商,忽略对产品本身的打造。
7. 品牌定位不明确,没有解决用户痛点和发现市场需求。
8. 团队架构不完善,盈利方式不明确,不能人尽其才、物尽其用。

针对提出的问题,与会的女性创业者分别提出了建议:

1. 将 IP 和产品充分结合,打造品牌故事,传递品牌文化,尝试和用户之间建立起一座"情感桥梁"。

2. 丰富产品线,专注做推广,对用户进行深度挖掘,聚焦垂直领域,实现多次购买。

3. 不同领域的人可以代表不同群体,找每一个领域的 KOL 为产品站台。

4. 明确产品的定位和优势,量化目标,精准渠道。线上流量成本很高,建议"钻石"线上线下"双管齐下",对客户做调研,发现需求,围绕用户需求再去开发和改善产品。

5. 各类自媒体都要坚持把内容做下去,累积潜在客户。

6. 建议"钻石"把产品定义为 7 个字的 slogan,加深用户第一印象,同时也可以尝试打造爆款网红产品。

7. 建议"钻石"梳理整个公司的人员结构安排,后期可以做一个有关市场投入、人员聘用以及管理成本的规划。

8. 在没有很多成本投入的情况下,增强每一个客户的消费体验,把口碑做好,细水长流。后期再多投入成本,注意节约打造品牌的时间。

本次工作坊特邀乔杰创创业服务公益平台创始人、天使投资人周杰老师和西上海知名专职互联网+创新导师、迂回式创新创始人钱致远老师担任现场顾问,专家全程参与,针对"钻石"的情况,提供了具体的意见和建议:

1. 结合自己产品特色,窄化产品价值主张,通过价值主张再来打造产品。

2. 围绕产品做渠道建设,渠道分为商城和线下展销,要将二者充分结合。商城有流量的地方都要去尝试,如微信、抖音、微博、今日头条等。线下展销也很重要,其转化率比商城高得多,特别是不能忽略黏性和转化率很高的地方,如小学、幼儿园、家长群等。

3. 商业模式:没有固定不变的模式,要多去尝试,探索最适合自己产品发展的模式。目前可以尝试以下几种商业模式:

① TO B(to business),面向企业或者特定用户群体的产品。

② TO C(to customer),发现用户需求,定义用户价值,即从无到有,自己创造,比如,"钻石"可以把客户变成自己的渠道。

③ TO G(to government),TO G 产品一般和政府对接,紧跟国家政策进行。比如,把产品打造成一套系统化、标准化的课程,面向科委、街道、团委等开放。

④ TO V C(venture capital),即打磨好自己的产品,引入投资人的资金,与投资人一起经营盈利。

4. 给客户创造三个维度:我买、我玩、我"炫"。前两个维度"钻石"已经完成,建议"钻石"在第三个维度用心打磨。"炫":可以炫排名、积分以及亲子关系等。如果要利用客户关系,就不能忽略由 UGC 所带来的裂变模式以及实现的二次扩散。

5. 很多意见领袖在扩大自己的影响力之前都会先把自己斩断,而一般首先斩断的就是利益,要坚持该坚持的,放弃该放弃的。比如,"钻石"最好不要经常在社交平台上很直接地宣传自己的产品、表明自己的利益目的,这样很容易引起粉丝的反感。建议"钻石"可以时常在社交平台上分享自己的日常以及和亲子的快乐时光(偶尔也可在分享中"悄无声息"地植入自己的产品),让粉丝知道你们之间不仅仅只是利益关系,其实也可以成为共享日常的朋友,从而加强客户信任,培养客户黏性。这样更有利于品牌的长远发展!

6. 产品打造要形成"打怪升级"的模式,把客户从"一次消费"变成"N次消费"。让客户既变成你的消费者又成为你的业务员。

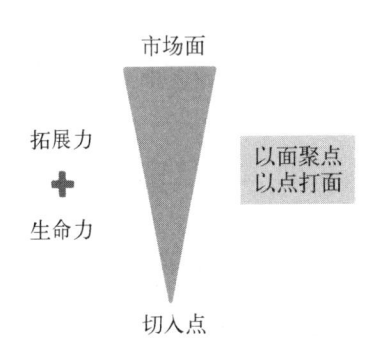

7. 根据现状选择曲线销售或者直销模式,参考倒三角理论,实现价值最大化。

8. 建议"钻石"累计用户数据,以数据为导向分析渠道转化率、投入产出比,从而迭代产品和服务盈利模式。

9. 建议"钻石"善用创新方法论。什么样的用户群(WHO),在什么场景或情景下(WHEN),有什么隐藏的需求(WHY),需求背后的价值主张和增量是多少(WHAT)?"钻石"可以按照这样一整套思维方式去挖掘用户"痛点",再和自己的产品特色以及产品所在领域相结合,不讲大情怀,避免"伪需求",而是从解决用户小问题的角度出发来打造自己的产品。

10. 要学会举一反三,触类旁通,虽然实践起来很难,但要学着去尝试。

主持教练分享:2018年海蕴实施开展了10期工作坊,其中一位"钻石"通过工作坊的成果提交了行动计划,历经半年多的实践,其营业额增长60%,利润增长65%,组建了10+人的新创业团队,带动就业人数增长200%。这是2019年开展的第一场工作坊,期待大家在有所收获的同时,将建议付诸行动,希望得到大家实践后的反馈。

如何通过创新设计让无形服务"会说话"?
资深设计大咖带你领略产品创新的魅力!

"钻石"(问题提出者)在健康医疗服务领域内创业,服务对象主要是来自B端(企业客户)和C端(个人客户)的中高端群体。2018年,"钻石"通过在互联网领域内积极布局,将客户来源渠道从线下拓宽至了微博、小红书、京东等线上平台。目前,企业正处于盈利状态。但在业绩和客户量均保持增长的同时,企业后端的支持却无法使资源充分被利用,资源壁垒难以突破。"钻石"认为,健康咨询服务是无形的、低频消费的产品,如何把其设计得有形化、"会说话"是目前的首要问题。

在教练的主持下,通过两轮有效提问之后,大家就"钻石"提出的问题重新定义引发了更多更深层次的问题点,如:

1. 如果一家企业的资源有限,归根结底是没有树立一个好的品牌形象。
2. "钻石"目前的业务比较分散,缺乏核心竞品,品牌意识也不够强,导致跟客户沟通的时候难以将产品可视化地描述出来。
3. 未对女性群体的购买力做精准判断,目标群体定位有待清晰。
4. 宣传语言不够精练,削弱了潜在客户对产品的信任度。
5. 未对客户的真实需求做深层次分析,导致产品业务模式及架构不清晰。
6. "钻石"太过专注业务,未对产品的宣导进行设计,以至于产品无形化。
7. "钻石"缺乏基础设备,是一家轻资产投入的机构,所以市场地位不强。因缺乏采集数据的基础设备,导致无法正确运用互联网思维。医生和"钻石"机构的关系不紧密,是松散型的,以至于医疗资源不可控,从而无法精准定位服务产品。
8. "钻石"太顾及专业性,以致难以从其他切口寻找让产品有形化的方法。

针对提出的问题,与会的女性创业者分别提出了自己的建议:

1. 建议"钻石"充分利用现有数据,做一个客户端,让客户可以总览自己的健康状况,达到健康管理的效果。
2. 建议"钻石"找准自身优势,规整品牌定位,然后再进行相关性、对口性的营销。

3. 搜集客户数据。根据年龄、性别等要素对客户进行分层,并找出不同群体的多发病症,引导用户做健康检查,同时为客户提供健康师等增值服务。

4. 建议"钻石"拓展资源库(医生、设备等),并结合自身所提供的服务内容做好服务梳理,然后精准地匹配客户。

5. 建议"钻石"多接触新时代的营销模式,而不是纯钻研技术,如入驻抖音平台,把服务内容视频化,并以每周 2—3 次的频率进行更新。

6. 建议"钻石"先做一个宣导的设计,让企业、医生、客户之间彼此了解,提高信任度。

7. 建议"钻石"增加专业的市场营销团队和互联网手段来进行包装和宣传,对于不同群体要有不同的宣传策略和销售语言。

8. 要有"利他"的企业愿景,用一句话说明白能够为这个社会带来什么价值,提高创始人格局。

此次工作坊特邀上海市中小企业上市促进中心副主任顾月明和溯洄

创始人兼首席设计官徐霍成担任专家进行现场指导。针对"钻石"的情况,两位专家提供了具体的意见和建议:

1. 初创型小微企业会遇到各种困难,要学会调动资源,用最小的钱做最大的事。

2. 资源有限主要在于资源整合的能力不够,资源突破的原则往往在于寻找不同的合作伙伴。建议"钻石"找一些跟自身相关的、能够对接上下游的人合作。

3. 像心血管病等慢性病尤其需要健康管理,建议"钻石"建立一些信息采集点加强健康管理。

4. 建议"钻石"打造一个朗朗上口的品牌名,如康万福。

5. "钻石"做的是企业,而不是医院,企业有企业的文化。建议"钻石"跳出专业,从企业的角度出发:未来的企业,合伙制是必然的选择。

6. 先有深度,再有广度。"钻石"已有深度,建议着重拓宽广度,打通内循环,构建外循环,最终形成自循环。

7. 要想把企业做好做大,必须要学会讲故事。讲故事的方法:沟通弱专业化、服务强流程化。

8. 根据对"钻石"的问题诊断,导师现场特别给出定位咨询建议:让疾病可预防,让生命更阳光,祝大家更健康。

9. 通过服务和工具包让产品"会说话",做精服务,做好企业文化,实现资源最大化。

主持教练分享:在创业路上,企业的成长过程就是伴随着遇到问题、解决问题的过程。参加工作坊就是很好的用群体智慧来帮助大家发现问题、提出问题、解决问题的有效途径。有大量的案例说明创业是可以学习的,创业能力是可以不断提升的。希望大家保持学习,不断成长。

设计师品牌如何实现低频转高频消费，促进企业可持续发展？

"钻石"（问题提出者）是一位拥有设计师背景的CEO，主要从事以企业合作为主的银饰高级定制。由于营业额不理想，为了促进企业的可持续发展，她开始发展自己的设计师品牌，考虑从高定转轻奢，将非遗结合当代技术，进行量化生产，植入与先生的爱情故事，打造个人IP。由于首饰本身不是高频的消费,因此她考虑以婚庆市场的伴手礼作为切入点,提高消费频率。

在教练的主持下,通过两轮有效提问之后,大家总结出造成"钻石"现状的根源是以下三个方面:

1. 创业思维上:把设计师情怀放得过深,而没有真正转变为创业思维。

2. 产品设计上:对自己的产品过分自信,客户需求及定位不准确。

3. 团队结构上:缺少管理、销售、宣传策划的专业人员。

结合各自的亲身经历,大家为"钻石"提出了针对性的意见和建议:

1. 不要一下子从企业合作的高定路线转变到轻奢路线,做好过渡衔接。同时,考虑到"钻石"是非遗首饰行业,可以尝试与旅游相结合,扩展消费频率。

2. 提升沉淀,修炼自我。跳出设计师思维,更多地学习营销、管理技巧。

3. 紧跟第一名,先跟跑,减少试错成本。有些尝试不见得是领先的企业没有想到,也有可能是他们已经做过尝试,发现不可行。

4. 分析过去的销售数据与客户,专注某一领域,打磨品牌。

5. 聘请专业的策划人员,学会讲述有深度、有吸引力的品牌故事。非遗文化产品的品牌故事可以结合神话故事,依靠政府背书。

6. 定位好自己的消费者,了解他们的喜好,依靠单品爆发打造品牌,扩大影响力(成功案例:RIO)。

7. 普通人的爱情故事较难打造成 IP。建议依靠明星带货,或者提升自己的个人手艺,打造个人 IP。

8. 扩大产品范围,借用各式各样的产品,把公司打造成会所,通过举办活动,让客户成为品牌传播者。

本期活动特邀上海沐新企业管理咨询有限公司 CEO 刘玮、溯洄创始人兼首席设计官徐霍成担任现场顾问,两位专家顾问针对掌握的情况,提供了具体的意见和建议:

1. 聚焦用户所需:设计师创业,切忌自我沉醉与感动。设计价值、文化内涵的真正价值在于聚焦用户所需,讲述客户听得懂、有吸引力的故事。

2. 学会感召与借力:明确自己的商业模式,修炼领导者的感召力。通过寻找董事合伙人、战略合作人、一般合伙人等不同类型的合伙人,扩宽渠道与资源。

3. 组建专业的团队:让专业的人做专业的事。寻找专业的营销、策划、管理人员,寻找专业的营销公司,或者聘请咨询顾问。

4. 战术:场景→产品→销售。做好用户画像,分析用户的日常行为,讲述深入人心的全新故事。根据用户的消费场景,反向设计产品,进而再去考虑销售模式(成功案例:钻石小鸟)。

5. 扩大附加值:思考传统工艺如何变成现代的文化消费品。非遗文化可附着的产品有很多,首饰并非刚需品,较难实现低频转高频。尝试运用现代技术把产品扩大,做到更多的领域中,扩充品牌附加值。

员工太佛系怎么"破"？如何管理 90 后销售团队？

"钻石"（问题提出者）是一位留学中介机构的创始人，目前销售团队人员构成多为 90 后海外留学生，公司氛围较为"佛系"，对业务没有硬性指标，上司与员工之间相处融洽。疫情期间，相比于其他同类型机构的停薪留职或减少底薪，"钻石"的机构选择正常发放薪资。但由于疫情影响，部分员工未达成业务指标,在员工处理问题中陷入两难……为此,她向大家发问:疫情过后,如何管理销售团队才能激发销售的积极性?

在教练的引导下,通过两轮有效提问之后,大家认为造成"钻石"困扰的根本原因在于:

1. 自我角色定位不清晰。"钻石"作为管理者没有负起制订计划并督促完成的责任,将员工当做家人固然轻松愉快,但不利于员工成长,销售目标难以达成。

2. 员工心态过于"佛系"。佛系的心态是业绩普通的销售们的保护屏障,仅仅满足于最低销售指标拿底薪就可以的心态不利于员工的进一步发展。

3. 公司战略发展目标不够清晰。公司缺乏明确的战略发展目标,公司目标的制定需要分长期、中期和短期,对短期更是需要细化形成一个个小目标联合员工共同努力达成并进行激励。

4. 提成激励制度不够完善。员工满足底薪除了证明公司底薪够高外还说明了公司的提成制度不足以激起员工的斗志。

5. 公司缺乏企业文化。公司的愿景、使命和价值观不清晰,无法向员工传达拼搏向上的企业精神。

通过两轮提问环节及分析问题环节,帮助"钻石"找到盲点,最后结合各自的亲身经历为"钻石"提出针对性的意见和建议:

1. 加强企业文化价值观。一个好的愿景能帮助企业探索未来发展道路,如果员工认同也更能激发员工的归属感。

2. 员工管理需要恩威并施。在相处过程中亲和友好,在工作处理上严肃认真,严格按照公司制定的条款进行提成发放以及处罚。

3. 重新设置激励机制。吸引人才、激发斗志的最好方式就是调整薪酬制度:高底薪、高提成,建立严格的考核制度,实行末尾淘汰制或三个月业绩未达标即进行辞退。敢给员工发高薪酬的企业,成本其实是最低的;固定员工薪酬的企业,人力成本反而是最高的。

4. 合伙人需要角色分工。在创业公司的扁平化结构中,没有中层,就需要合伙人之间进行角色分工,一个温和,另一个严厉,管理需要有一个不顾忌感情、执行规则的人,企业要想做好就要懂得将"黑白脸"的管理哲学用到工作上。

5. 将公司目标转化为员工目标。公司希望接到更多的单子与员工希望涨薪的目标其实是一致的,如果想完成公司的目标必须将其转化为员工的目标,提高绩效,激发员工斗志。

本期活动特邀东华大学研究生导师、企业教练潘静霞老师和上海财经大学经济学硕士、拥有超过 20 年人力资源管理与服务经验的董铭霞老师担任指导专家。全程参与的两位顾问老师针对掌握的情况提供了具体的意见和建议:

一、重视企业文化

1. 规划公司、团队、个人的目标。"钻石"需要和合伙人一起商讨如何制定公司、团队以及个人目标,从宏观目标到落实,具体到个人的销售目标都需要进行规划,这样企业才能更好地扩张发展。

2. 找到适合自己的企业文化。文化是凝聚力的源泉。在一个公司、团队的建设过程中,没有文化凝聚力的管理,对凝聚力产生的作用都是负向的,管的越多、越严,团队也没凝聚力,越觉得不舒服。只有文化建设才能促进团队的凝聚。

3. 招募认同企业理念的员工。如果企业使命和员工的理念契合,佛系员工也可以热忱地追求心中的信仰;如果企业使命和员工的理念不合,狼性员工也会陷入迷茫。把是否认同企业的愿景也加入招募员工的考虑因素之一,剔除不契合的,再不断招募契合的。长期积累下来,企业文化自然也会慢慢树立。

二、建立员工考核与激励机制

1. 建立合理的考核制度。给员工定制的业绩指标怎么来？团队目标里的个人目标该如何制定？个人或团队没有达标是谁的责任？如何去处理这些未达标的员工？不同的公司有着截然不同的答案，但却是每个创业公司都需要深入思考的。

2. 团队管理需要树立标杆。让20%的标杆去影响80%的人，去改变团队现状，然后正向激励，让标杆文化变成一种常态。例如设置销售冠军的福利，并让受益者在公司会议中将自己为公司的贡献与公司提供的福利展现给大家，从而直观地带动团体积极工作。

3. 建立合理的分配机制。建立合理的分配机制，让奉献者得到合理的回报，公司才能凝聚更多有识之士和追随者。在"钻石"的案例中则是起到去激励佛系员工的作用。例如薪酬绩效模式，它以结果为导向，用数

据来说话,让付出多的员工得到合理的加薪机会。而同时,企业的利润也是共赢增长,实现了在不增加企业固定成本的情况下,给员工实现加薪。

主持教练强调建立客观公正的价值评价体系对一个公司的发展尤为重要。员工考核是对每个员工的工作绩效、工作态度与工作能力进行例行性的考核与评价。工作绩效的考评侧重在绩效的改进上,宜细不宜粗;工作态度和工作能力的考评侧重在长期表现上,宜粗不宜细。考评结果要建立记录,考评要随公司不同时期的成长有所调整,随机应变。

后疫情时代怎么做市场营销？如何玩转新媒体？

"钻石"（问题提出者）是一位拥有300多平方米大健康主题空间的创始人，二期空间还有1 000多平方米，创办刚开始就面临一系列营销问题，

如：如何开展各种活动来获得客源？如何通过线上的渠道推广这个空间？如何去推广一些辅助的产品，比如面膜、养生茶包、酸梅汤等各种养生类产品？如何进行空间导流，并引发客户的触点进行购买？

在教练的引导下，通过两轮有效提问之后，大家认为造成"钻石"困扰的根本原因在于：

1. 没有深入了解客户的需求是什么。"钻石"的客户画像不清晰，虽然已经把客户定位在一定年龄段的女性，但是年龄只是客户画像中的一个指标，而非全部完整的客户画像。

2. 定位不清晰，运营模式没有厘清，并且没有具体的目标进行任务的下达。"钻石"对于自己项目的定位、人群的定位、价格的定位，包括KPI指标都没有明确和细化。

3. 空间的特色不明确。"钻石"对于空间最大的特色在哪里并没有想清楚，缺少令人印象深刻的独特优势。

4. "钻石"对于新媒体运营和传播不熟悉。"钻石"对新媒体如何运营，通过新媒体如何进行传播都不太熟悉。

5. "钻石"对于流量转化模式不清晰。"钻石"光靠场地租赁肯定是不够的，需要想好将来的主要盈利点到底在哪里，这样才能进行下一步的流量转化，靠转化之后的高盈利产品支撑空间运营。

6. "钻石"的商业渠道还没有建立。"钻石"可以通过各种不同的渠道进行场地的租赁，比如各种线上的会务渠道或者是平台，以及线下的会务公司和公关公司，都能够进行合作。

与会的伙伴设身处地为"钻石"提出了针对性的意见和建议：

1. 梳理清楚自己的产品组合策略。产品组合策略要梳理清晰。一要有引流的产品，引流产品需要非常有吸引力，用户的尝试成本要低；二要有爆款产品，爆款产品不仅要有足够的吸引力，还要有足够的利润空间；

三要有话题产品,话题产品可能并不怎么赚钱,但是它可以带来热度,带来话题性,比如明星教练或者明星客人等。

2. 寻找自带流量的活动主办方并进行分时段运营方式。对于 B 端客户应当进行一下挑选,根据早中晚不同的时间段进行不同的内容运营,但是 B 端客户必须自带流量。35—45 岁的女性大约有两种生活方式:一是上班的白领精英,来的时间段是晚上的 18:00—21:00;二是全职太太,白天是有一段空余时间的。所以空间利用应该是分时间段的。

3. 可将空间打造成网红打卡地。将空间做成一个网红打卡地,让活动主办方做活动时以处在黄浦区繁华地段的地点作为优势进行宣传,让 C 端客户觉得来这个地方参加活动是一件非常光鲜的事情,增加空间的曝光度。

4. 找到对标的竞争对手,并进行多方位的了解。"钻石"可以找到自己对标的竞争对手,然后进行多方位的了解,比如他们如何进行空间运营,如何打通各个产品之间的导流和转化等。

5. 打造自己的 IP,主打自己的明星课程。"钻石"的场地虽然很漂亮,但是只有场地的亮点只能达成用户的一次性光顾。所以"钻石"应当打造自己的明星课程,让来过的用户可以长期关注,重复性消费。

6. 在新媒体运营方面可以进行多方合作。"钻石"不仅仅要自己做好新媒体运营的矩阵,同时也要和知名且有契合度的新媒体公司进行合作,互相进行引流,这样可以对 C 端客户进行更直白的定位,使得客户群体最大化。

7. 要打造自己私域流量的社群。通过办活动或是和其他优质社群进行合作,打造自己的私域流量社群,这样可以提高每一步的转换率,将客户留下并转化。

本期活动特邀新媒体全案策略与数字营销推广专家卞爱芬老师和北大纵横管理咨询集团高级合伙人、行业咨询总经理蒋文剑老师担任指导专家。全程参与的两位专家老师针对掌握的情况提供了具体的意见和建议：

1.赋予空间一个灵魂。要赋予这个空间一个灵魂、一个定位、一个概念。如果我们的产品是一个有思想的产品，是一个精神的产品，当我们这个产品讲出来之后，B端和C端客户一听就能明白，也有利于二次传播。选择新媒体渠道是技术性问题，更重要的是决定在新媒体上面说什么，说什么可以让别人一听就懂。把空间打造成一个有灵魂、有差异化，说出来B端和C端客户都立刻可以明白，然后运营推广的方式也就随之产生。

2.换一种经营方式思考问题。第一个角度：我们传统的方式是"空间→B端客户→C端客户"，互联网思维是"空间→C端客户→B端客户"，逻辑是完全不一样的。作为创始人本身就要有感召力，在你什么活动都没有的时候要先想到你，要做到只要是你出品的，就一定是精品，只要是你推出来的，就一定有高价值。当你本身带了流量之后，你的话语权就不一样了。你有了这些之后，你再去召集你的B端客户。第二个角度：你要强化自己独立的发展空间，你是一个发动机，你要自己带动别人，别人只是一个个你所合作的对象，这样才能使这个空间更有想象空间。作为一个创业者，第一步应该是筑梦想，所有的投资人都要看你的梦想，如果你只是为别人而生的话，那价值就不会高。

3.用模型来进行思考。我们在思考方向的时候有一个五环模型：① 你想做什么？② 你能做什么？③ 你可以做什么？④ 你该做什么？⑤ 你能够下决心去敢做什么？以上五环中交集的点就是你自己所在的行业，你自己所占的品类、所做的业务可以往那个方向去发力。这就是我们在战略方向方面去重点考虑的。通过品牌定位、战略定位和营销定位，就明确了我们整个企业该做什么。

定位里面有三个层面：一是主张，二是业态，三是生态。这三个纬度一旦确定，你干什么、怎么干以及路径、关键点就都会呈现出来。

4.市场营销的本质是价值感。按基本的营销逻辑来分解，产品最重要的是营造一种价值感,对于我们的空间来说也是一样,一定要让这个空间值钱才有意义。价值感无非是三个层面:一是我们产品的功效;二是有什么无形的功效;三是价值观的引领。最后人家觉得你值钱一定是因为价值观,或者是一种消费理念的引领。

5. 新媒体营销也应当像传统营销一样去建立营销矩阵。在谈到新媒体的时候应当将思路放得更宽。第一,能够和所有来我们场地的合作方的自媒体、新媒体形成一种联动,最后形成矩阵。第二,要让合作方的私域流量,包括他的员工的、他的合作方的、他的学员的私域流量都能够建立起一种机制,通过私域流量池持续生发,再去做留存、转化、裂变,这样获客马上就变得简单了。再根据不同的标准和不同的需求建立不同的社群。可以从这几个层面做一个全面的统筹。

主持教练总结:空间运营是手段而不是目的,核心还是要为产品和服务定位做营销策划。类似案例很多,可以对以往其他空间运营的经

验教训进行学习和总结分析,今天的工作坊也产出了丰富的营养。创懿黄浦荟的价值正是搭建一个女性创业交流平台,为更多的创业姐妹提供少走弯路、加快成长的路径。

中小微企业税务筹划怎么做？
仅仅是钱的事吗？

"钻石"(问题提出者)经营着一家电商企业,在企业初创期,采用外包财务团队的方式进行处理,外部团队对于"钻石"所经营的相关业务并不

熟悉，同时，"钻石"本身对财务知识也缺乏了解，故对外包团队的工作也未及时检查，这就导致了钻石在初期付出了比较大的成本。随着企业经营规模的扩大，"钻石"也逐渐意识到了税务问题的重要性，一方面，小微企业经营不易，需要精打细算控制成本，但另一方面，缺乏专业的知识和靠谱的服务团队，导致在合法合规做好税务筹划方面积累了一定的隐患，面对未来的长期发展也让钻石心存担忧。

在教练的引导下，通过两轮有效提问之后，大家认为造成"钻石"困扰的根本原因在于：

1. 缺乏专业的财务管理人员。目前，"钻石"在财务管理上为了节省开支，这方面的工作都是由兼职人员负责，因此没有人专门负责财务问题，特别是涉及税务筹划，不光是简单的记账，需要负责的人员对企业的业务逻辑等有较为清晰的认知，外部团队未"躬身入局"，这就导致了"钻石"税务方面的问题。

2. 作为创始人，"钻石"不重视财税方面的相关知识。目前钻石在税务筹划中遇到的问题，实际上是之前由于没有专业人员处理税务相关的问题，作为创始人本身没有积累财税方面的相关知识，同时对外包团队过于信任，未及时了解工作和做必要检查，而逐步形成了一个长期的隐患。

3. 短期成本控制与长期规划的问题。"钻石"现在所担忧的实际上并不单单是税务问题，而是与企业长期规划、发展战略、经营思路息息相关。目前就税论税只不过是表象，背后实际上是钻石并未对企业的战略发展和经营管理做出长期规划。

与会的创业姐妹积极热情地探讨发言，设身处地为"钻石"提出针对性的意见和建议：

1. 专业的人干专业的事。税务相关的问题最好是找相关的专家来负责，或是找比较靠谱的公司来负责，安排专职人员来专门负责财务。

2. 要结合自己企业的发展战略。结合未来的发展规划,未来几年内是否要上市,是否要融资,再去考虑短期的发展,如果上市、融资的计划,那么必须要付出一定成本去做相关的税务筹划,但也会带来可观的受益。

3. 要从多方面重新规划发展。电商未来的前途依然是很广阔的,可以从战略、业务发展、人员等多角度规划未来的发展方向,以获得更长远的发展。

4. 要学会借鉴成功经验。可以去调查、借鉴其他的成熟电商在面临与"钻石"相似的问题时是如何处理的,借鉴一下他们的成功经验。

5. 要完善公司自身的规章制度。要设立一套完善的财税制度,去监管、复核税收,避免出现管理方面的混乱。对于小微企业也需要做好个人与企业之间的账户分离、风险隔离。

本次活动特邀芯麒明信息科技(上海)有限公司创始人凌菊和上海证券交易所博士后马军生担任指导专家。全程参与的两位顾问老师针对所

掌握的情况,也提供了具体的意见和建议。

凌老师分享了一个真实案例,指出电商企业的商业模式仍有发展空间,并具有延展潜力。同样是电商企业,通过业务统筹规划、进行组织架构的建设,对不同业务进行拆分并有策略地建立不同的业务主体,不同主体可以享受的财税政策不同,通过对业务的拆分与重新整合,进而合法合规达到很好的筹划成效。随后提出三点建议:

1. 对于企业财税管理要有进阶计划。企业不论是财务还是税务管理都需要进行一个短期、中期、长期的规划,这个规划是要适配企业发展而定的。然后针对每段时期的规划,匹配不同的人员,例如,在短期可以寻找一个财务方面的顾问,能够给予一些政策上的引导与支持等,企业的成本压力也不大。中长期则可以考虑聘用更专业的服务团队,乃至专业人才。

2. 要有战略上的长远目标。不要因为自己是初创小企业就只注重眼前的发展,要设立一个远大的目标,既要低头赶路,也要抬头看路。要做到战略和战术上都积极谋划。

3. 企业负责人要及时掌握财税信息。企业负责人要有一定的学习力,不一定是非常精通财务知识,但要有搜集信息的能力,例如看到一些财税相关的信息,要及时询问财务这一信息是否有利于公司,是否可以让企业用好用实政策。

马老师提出以下建议:

1. 在招募相关专业人员时不要过于看重降低成本。初创企业可能出于成本的考虑,在聘请相关人士的时候往往倾向于省钱,但往往价钱低廉的服务质量参差不齐,聘请税务规划的人员也不仅仅是为了节约成本的考虑,一个专业人才往往能为企业带来更加合理的规划与策略。因此,不能过于从节约成本的方面来考虑。

2. 要多学习相关知识,形成自己的判断。要了解学习一些财会知识,对于相关人士的建议学会甄别,选择最适合自身企业发展的策略。

3. 要定期"体检"。要定期请第三方机构或者自己形成自检意识来进行检查,从中可以发现一些潜在的隐患与风险。

此外,针对企业如何正确认识税务筹划,两位老师也给出了很专业的建议:

1. 企业积极承担纳税义务,不单是看数额,做到专业规范才是根本。依法纳税是企业应尽的义务。作为企业需要建立自身专业的管理规范。不单只看纳税数额,重在企业自身具有专业性、合法合规的税务筹划思维以及企业战略发展观。实际上政府相关部门推出了大量有利于中小微企业的税收优惠政策,在扶持中小微企业方面付出了很大的努力,税务部门也希望企业能够用足这些政策切实帮助企业发展成长。因此,企业负责人要学习领会并使用相关政策。税务筹划表面上是财税问题,实际上与企业的综合能力、管理能力、战略能力息息相关。

2. 税务规划的重点在于帮助企业树立风控意识。合理合法纳税是税务规划的前提,今天提到这个话题,背后体现的是企业在经营过程中要有大局观,不只看面前的业务及得失,更需要从长远角度来为远期做风险控制。

核心团队如何组建与稳定?

在多年从事企业服务类业务的基础上,"钻石"(问题提出者)于2020年初独立成立了公司。有几位伙伴跟随钻石一起创业。后来通过招聘的方式又陆续进来3—4名员工。最近,一位招聘进来的技术部门的员工仅仅工作了3个月就提出离职。这位员工的离职对钻石造成了很大的困扰,初创企业的核心团队该如何组建,团队又该如何稳定呢?

在两轮有效提问之后,大家认为"钻石"的根本问题在于:

1. 公司给到的待遇没有达到员工的预期。离职员工是一所名校毕业的博士生,无论对于薪资的要求、公司能够给到的资源,还是公司规模和平台大小都是有一定要求的,对于离职的员工来说,公司能给到他的东西,并不符合他所预期的要求。

2. 员工在这个初创型公司看不到未来的方向。从人性的角度来讲,作为一个员工,他想从公司得到的无非是物质和精神两个层面的。员工在选择公司的时候,如果选择大企业,可能是他看重当下比较多;如果是选择初创企业,可能是他看重未来比较多。工作3个月就离职,估计是员工在公司平台上看不到未来所导致的。

3. 企业主没有进行合理的换位思考。对员工来说,这只是人生中的一个阶段,而不一定是他的长期事业。站在一个年轻员工的角度你会发现,工资高不高、工作地点近不近都是他所考虑的,员工的个人目标与企业目标往往并不一致。企业主没有站在员工的角度思考问题,而且与员工的沟通也不够,无法了解到员工离职的真实想法。

4. 企业主没有展示自己和公司的实力。企业主能够从一个平台出来创立公司,应该有自己的核心竞争力和自身魅力,但是可能忙于事务,并没有在员工面前展现出来。

5. 企业主的心理建设还在初级阶段。每个企业的成长都是有一定规律的,案主是第一次创业,所以缺乏一定的创业知识,所以对这个创业初级阶段的普遍性问题缺乏认识,造成了心理焦虑。

6. 企业主的思维还没有从家长思维转换成老板思维。企业主个人选人和用人的能力不够,自身的领导力有点欠缺。案主现在从一个员工转变成为一个老板,能力上还没有完全跟上。自己的思维也还没有从"妈妈思维"转换成"老板思维"。

7. 企业主没有做好公司的顶层设计。案主因为现在是一个人在管所有的事情,所以各类制度还不完善,员工的发展途径、如何获得股权、如何成为合伙人都是需要在繁忙之余去尽早确立的。

8. 现有股权结构不合理。公司的股权分给了其他非全职合伙人,但是事情都是案主一个人在做,这是一个不健康的股权结构设置。

在主持教练的带领下,创业姐妹们积极热情地探讨发言,给"钻石"提出了解决问题的建议:

1. 积极招募新的伙伴并加以规章制度的制约。人员流动是市场的自然规律,不必太介怀,我们要做的首先是积极主动地去招募新的伙伴,其次是建立规章制度,通过各种方法稳定自己的核心团队。至于非核心团队的成员,流动是非常正常的事情。

2. 尽快进行一定的人才储备。虽然现在失业率很高,但是要找到合适的岗位员工还是很有难度的,毕竟企业对于一个合格的岗位员工有自己的要求,所以如果有条件的话,建议自己储备人才、培养人才。创业企业除了全职员工之外,还应当有多种人才储备。比如兼职员工、股东和志愿者都应当成为自己的"员工"储备,需要时可以直接请过来做事情。

3. 做好心理建设,要有长远的眼光。企业的每一个发展阶段所需要的人才和合伙人是不一样的,"钻石"应当有长远的眼光,用积极的心态去接纳员工离职这件事情。要相信自己这个平台是可以做大的,今天是员工选择企业,可能明天就是企业选择员工。

4. 员工离职是最好的反思自己前期行为的时候。有的时候,一个员工的离职是让企业主反思:自己的业务是不是需要聚焦?自己的企业是不是一定需要这样一个人?这对企业主来说反而是一个正面的提醒。

5. 企业初创期应当找认同自己的员工。企业初创时期,一人多职的情况特别多,所以我们更要找认同企业,或是认同企业主个人的员工,这样员工和企业之间就不仅仅是靠金钱来维持关系了,而会有更强的黏性。

6. "钻石"应当更好地认识自我。在创业的过程中,作为一个企业主,应当更好地评估自我,其实员工离职也是对自己领导力的一个考验,新员工为什么会离职,老员工为什么会离职,其实对企业主自己的能力是一个考核和评估。

7. 创业初期一定要多进行深度的访谈。其实员工离职都是有前期征兆的,企业主一定要了解员工离职的真正原因,然后去做出相应的反应。如员工在职期间,定期地进行深度访谈,这样才会了解到员工的心理动态,也更加能够防范和扭转不利方面。

本次活动特邀上海同济桃浦创新创业园科技发展有限公司总经理顾文洁和上海博和律师事务所高级合伙人葛蔓担任指导专家。全程参与的两位创业指导专家提出了专业的建议:

1. 选择团队核心成员,"三观"要合,并且与时俱进。想要拥有持久的团队或是合伙人,"三观"一定要合。如果"三观"不合,团队肯定不会持久。在保持核心团队稳定性的同时,应当看到,所有的人和企业都是阶段性的合作,且都是相互交换资源的关系,企业的不同发展阶段需要用不同的人。

2. 找股东要和找"老公"一样慎重。在找股东的时候,一定要进行资源能力互补匹配。并不是所有具备你想要的资源的人都可以成为股东。股东尽量要全职,股东的退出协议一定要一开始就制定好,要和找"老公"一样慎重。

3. 企业主应当学会如何去优化团队。企业一开始是不可能打造一个完美的团队的,都要在不断的发展中不停地进行优化。每一个人进来只要完成企业的阶段性目标就可以了,而不是将企业的终极目标告诉员工,让员工感觉永远也达不到。企业主应当将目标细分,这样反而能有效激励员工。

4. 合伙人应当是对战略目标有帮助的人。企业合伙人的挑选,应当是对战略目标有帮助的人。合伙人是具有合格的股东资质的那些人,必须有专业能力、资金实力,还必须跟企业主拥有相同的长远目标。

5. 一个优秀的企业家必须要有强大的心理素质。一个企业从无到有,其中要经历非常多的磨难,员工流失只是其中一件非常小的事情,所以一定要强大自己的内心,这样才能走得长远。

主持教练分享:从创业模型的三个要素来看,商机、资源和团队相互依存,协同发展。有前景的商机、丰富的资源能够吸引优秀人才加盟创业团队。核心团队的稳定性除了从团队问题内部寻找答案,同时也应当从商机的拓展、资源的整合方面加以努力,这样才能更加有效地促进核心团队的建设。创业者应当善于依托大的平台,借助于有天然联系的外部资源发展自身的事业,让团队看到更为广阔的发展前景和无限可能。

疫情下，创业企业要坚持聚焦 or 选择多元化？

本期"钻石"（问题提出者）是一家教育咨询机构的负责人。以往的主营业务是提供出国留学的咨询，整体盈利还不错。受疫情影响，留学咨询项目不得不暂停一段时间，到目前仍受较大限制。为了增加盈利，加上对扩展业务范围、提升客户黏性的需求,开启了面向国内私立高中、国际中学择校的咨询项目。但由于师资欠缺、规模较小以及家长观念等原因的限制,目前国内择校项目的发展并不好。因此,机构负责人想知道如何推动机构的整体运行。

根据"钻石"的实际情况,在教练的引导下,通过两轮有效提问之后,大家认为造成"钻石"困扰的根本原因有以下几个方面:

1. 核心竞争力弱。在行业里缺乏一定的独特性,师资力量不强,被替代性强。

2. 新项目的投入难度大。团队的规模不大,员工数量和拥有的资源有限,很难有足够的人力、物力投入新的项目研发。在国内择校项目中,团队的专业性不强,并且对国内的学校和家长的需求了解不够深入。

3. 服务延展度不足。目前的服务集中于单纯的咨询上,没有发掘更深层次的市场需求。

在主持教练的带领下,与会的创业姐妹积极热情地探讨发言,为"钻石"提出了针对性的意见和建议:

1. 聚焦:专注于国外留学项目,提升自身的核心竞争力,做大做强;还可以对出国留学项目的主营方向进行调整,从以美国为主转向目前市场需求更大的其他国家。

2. 深度调研,延伸原有服务。进行深度调研,挖掘客户深层次的服务需求,延伸原有服务,从而提升核心竞争力。

3. 尽可能地低成本试错。在做国内择校项目中,可以尝试一些试错成本低的手段进行"浅试水",降低自身的风险。

本次活动特邀上海蓝迪数码科技有限公司董事长刘丹、上海市捷华律师事务所高级合伙人蒋尉菁和秒租办公创始人、上海拉妥文化艺术发

展有限公司董事长倪宗情担任指导专家。全程参与的顾问老师针对掌握的情况,提供了具体的意见和建议:

1. 精准定位自我。回想创业初心,做出合适的抉择。事实上,不同的业务模块面临着不同的问题,它们所需要的资源、能力等是不相同的。要思考"目前我有什么能力,可以做什么"的问题,以及"我还需要做什么"。寻找对标企业,汲取长处:寻找行业中与自己类似但发展优于自己的企业,与之对标,分析彼此的差异和各自的优劣势,了解自身的特长。

2. 精准定位市场需求。核心能力包括专业能力和服务能力两方面。在拥有同等专业能力的情况下,拥有高水平的服务能力有利于获得回头客。可以通过反向思考客户的需求来适应客户,从而打造自身的特色。复盘已有的成功或失败案例:通过分析已有案例中客户的选择原因、给予的反馈等因素,从客户的角度反推客户需求。

3. 重新衡量员工构成。分析公司所需要的员工结构,做好分工。

4. 在现阶段可以考虑放弃多元业务。放弃不够擅长的新项目,专心原有业务的规模,以及做好这部分业务的前后延伸服务,增强客户黏性。

主持教练建议上升一个维度,将案例经验抽象化,思考自身商业模式和多元化的问题。分析自己在行业里是否已经获得了一定影响力,是否先做好了聚焦。因为通常情况下,创业企业的资源是有限的,需要仔细考虑多元化的时机是否成熟,是否有足够的专业能力或者服务能力来支撑多元化模式的发展。

专业化服务平台如何融资？

"钻石"（问题提出者）所在的是建筑设计类行业，在当前数字化转型的浪潮之下，钻石也开始尝试进行转型，筹办打造了一个专门面向建筑设计类行业的专业化服务平台。这个平台目前比较小众，仅面向建筑设计

行业。因此,目前钻石想知道关于定价如何确定以及投资方是否愿意进行投资。

在教练的引导下,通过两轮有效提问之后,大家认为造成"钻石"困扰的根本原因有以下几个方面:

1. 产品层面:钻石所打造的这个线上平台缺乏核心竞争力,不可替代性比较弱,并没有一个属于自身的独特竞争优势。

2. 经营层面:钻石目前采取的是外包团队的模式,因此缺乏核心的互联网团队。同时钻石还尚未找到一个市场的盈利点,需要进一步对其商业模式进行打磨。而且,钻石所采用的数据有些陈旧,因此对市场的把握并不准确。

3. 战略层面:钻石没有一个清晰的发展战略,没有明确自己所在的赛道,钻石所思考的问题过于长远,因此现在就考虑融资问题有些为时尚早。钻石对于投资商的了解也不够充分。

在主持教练的带领下,与会的创业姐妹积极热情地探讨发言,为"钻石"提出了针对性的意见和建议:

1. 要及时更新数据。要重视数据的重要性,可以向专业的调研公司购买行业分析报告、数据报告等,及时对数据进行更新迭代,然后按照报告制订发展计划。

2. 专精一个方面进行发展。要对自身业务进行细分,找到自身最有特点的、最能够吸引客户的方面,然后进行深挖,打造自身核心的竞争力。

3. 不要急于求成。有些项目的发展是不能够急于求成的,可以先进行铺垫和运营,好好打磨产品,然后厚积薄发。

4. 制定明确的规划。要有自身的总体战略与时间节点,然后按照时间节点稳步推进。既要抬头看路,也要低头赶路。

本次活动特邀上海玛娜数据科技发展基金会理事顾迅雨和上海浦东软件园三林园发展有限公司副总经理朱冬梅担任指导专家。全程参与的两位顾问老师针对掌握的情况,提出了具体的意见和建议:

1. 明确自身的发展方向。要找准自己的战略目标,明确自己的赛道,要清楚是成为一个软件公司还是做成一个平台,这两种发展模式是完全不同的,因此要找准方向,然后再朝着这个方向去努力。

2. 要关注市场的反应。远大的梦想要结合脚踏实地的努力才能够实现,做线上产品不等于把线下的经验和模式简单地复制粘贴。因此要对市场有一个敏感度,对市场的反应及时作出反馈,然后根据市场的反馈打磨好自身的产品。

3. 要学会依靠大企业。作为起步期的企业,要学会借力,可以依靠行业中龙头企业,让他们去试用产品,为产品背书,借大企业的力顺势而动。

4. 在融资之前要做足功课。投资者对于所投资的行业并不是一无所知的,相反,投资者往往很了解相关的领域。因此融资之前要做好充足的准备,避免出现明显的纰漏。

5. 用好政府的引导基金。政府在战略性新型产业上都有引导基金,创业者应该关注,根据产业属性争取引导基金的支持。

6. 融资前要知道融资的各个阶段。融资一共可以大致分为五个阶段,种子轮、天使轮、A轮、B轮、C轮。从种子轮到天使轮,公司增值要到5倍,从天使轮到A轮,公司增值要到5倍,从A轮到B轮要到10倍,从B轮到C轮要到10倍以上。而公司的估值则是利润乘以10倍或是销售收入乘以5倍。因此,想要融资要先经过这个模型的计算,创业公司的价值增长要跟得上估值增长的速度,才能在每个阶段获得相应的投资。

7. 融资不仅是融钱,更是融资源。融资不仅仅是为了钱,更重要的是投资人所拥有的资源,这些无形的资产才是更加重要的。

8. 投资方更看重应用场景,而不仅是产品本身。创业者不仅要打磨产品,更重要的是关注产品的应用场景,这样才能够更好地吸引投资。

每个女孩都有一个书店梦,追寻诗与远方的路途也需要水和面包

"钻石"(问题提出者)本身热爱社会人文领域的阅读,梦想开一家书店,带领公众阅读,联合有共同价值观的伙伴共同记录整个时代。她希望聚集一批有写作意愿、阅读兴趣的伙伴在书店创作和交流,并鼓励

一些爱读书、爱分享的伙伴在书店阅读,形成社群,为大家提供以书会友的场地。但她也了解到目前业内很多书店的经营情况都不理想,不知道她自己的书店梦想是否可以实现并做出突破。为此,她向大家发问:书店行业整体盈利状况不理想的情况下,如何寻求突破,将自己的书店做出特色?

在教练的引导下,通过有效提问后,大家认为造成"钻石"困扰的根本原因在于:

1. 用户画像不够明确。没有明确聚焦用户,包括用户年龄段划分、用户喜爱书籍类型划分等。

2. 运营成本考虑欠缺。运营费用只考虑到月房租成本,未考虑书店前期装修、设备投入等成本。

3. 自身特色定位不明。目前书店同质类业务较多,没有自身特色,很难做出差异性,不能形成品牌效应。

4. 产品和服务模式单一。仅以图书借阅服务作为主要服务模式,将不足以支撑书店运营。

活动邀请到知名互联网+创新导师钱致远和偷时咖啡创始人顾丽娅担任指导专家,两位专家给出的诊断直指其商业模式中的痛点,"钻石"的问题其实也代表了很多初创阶段伙伴的普遍问题,即对用户真正需求的把握不足,同时缺乏应对商业市场不确定环境下保持自身可持续发展的有效规划和预期管理。

与会的伙伴和现场顾问积极热情地探讨发言,结合各自的亲身经历为"钻石"提出了针对性的意见和建议:

1. 明确自身优势,实行差异化服务。盘点自身资源,整合资源发挥优势,明确核心竞争力,提供差异化的产品和服务,建立自身特有的记忆点。

2. 建立完整的产业链。建立社交媒体、作家团队、网上商城、线下活

动、品牌合作等环节,形成产业链体系,将书店作为其中一环运营。

3. 创新运营思维。抛开传统思维模式,创新运营。通过书店引流,建立客户数据库,通过数据运营实现盈利。

4. 多渠道寻求支持。政府可以为推广阅读方面提供资金支持,楼宇、园区等需要书店提升自身流量,多渠道整合资源将利于运营。

全程参与的两位顾问老师针对掌握的情况,也提供了具体的意见和建议,并对商业模式创新必备条件提出了自己的观点和看法:

商业模式是解决给谁做、做什么、怎么做的问题。

1. 发现用户隐蔽需求

创业者如同探险家,用户一般不会告诉你真实的需求,大部分初创企业所做的市场调查,也只是"伪需求的放大器"。真正的需求探险之旅,需要创业者具有敏锐的洞察力,站在不同的客户场景,体察用户的痛点,发掘隐蔽需求,寻找是否有需求被压抑,尚未被满足,从而精准打造对应的服务或产品。

2. 同质化市场中树立特色

创新商业模式需要从小处着眼,在同质化的行业中找到一个需求点进行挖掘。集合自身优势,深挖某一群体的特殊需求,值得创业者全身心投入,但在运营过程中却需要秉承"小步快走,快速迭代"的原则,在保证企业生存的前提下,不断试错与调整优化形成自身的竞争优势。

3. 市场永远不缺乏新的机会

产品与服务的市场定位"与其更好不如不同",要做到不同首先需要敢于否定自己,"Stay hungry, Stay foolish"。勇于放空自己,不拘泥于经验,才能后谋求后"定"发现新机会。比如电商领域,本以为"上淘宝就够了"的淘宝已经垄断了市场,却在"多快好省"的京东、"品牌特卖就是超值"的唯品会之后又冒出了"拼着买"的拼多多异军突起,他们能够成功的共同点在于,他们没有力争去成为更好的"淘宝",而是把握新的市场机会,做出自己的不同。总结来看,电商的本质始终围绕着"用户在网上买东西",但用哪种方式来满足用户这一需求,永远都随着时代在创新。如今,"抖音"作为短视频平台也涉足电商并增长迅猛。这都给创业者带来了很多的启发,不断用新的视角发现新的市场,勇于突破,很多商业领域看似已被巨头垄断,但永远不乏新的机会。

4. 服务更广大的用户群

产品及服务模式的设计"与其不同不如更差",这里的"差"其实指更加具有差异化的用户群体,比如"钻石"想做书店,计划围绕着爱读书的人来做,但发现似乎很多同类的书店都遇到发展的瓶颈,服务对象也相对小众。此时,是否可以转变思路,把用户做更差异化的定位,思考面向更广阔的没有阅读习惯的受众如何来做满足他们需求的书店,或者如何提供不同的产品来引发这个广阔人群对阅读的兴趣,就需要创业者具有更"差异化"的视角。现在一直在讲"小镇青年"群体的"消费新需求",有时候不一定需要使用更好的技术、更高的开发成本,但值得去探索更广大的用户群体,来打造匹配其需求的产品,打开一片全新的天地。

主持教练提出在创业道路上,突破性思维模式将带给创业者全新的视角和机遇。创业者也要学会在竞争市场中发掘机会,整合资源,借专家导师、创业姐妹、平台、政府等合作方的力,助力事业发展。

在纷繁复杂的角色里,她如何更好地做自己?

"钻石"(问题提出者)因为后代抚育和家庭需要,经历了职场退出、回归家庭、首次创业、拆伙回归、再次创业的过程,在这个看似"被动"选择的过程中,她困惑于女性的成长需面对多元的社会角色,如何能够更好寻找

并实现自我？

根据"钻石"的实际情况，大家从各个角度抽丝剥茧，层层深入剖析，认为造成"钻石"困扰的根本原因在于：

1. 自我定位不清晰。对自己想成为的样子没有清晰的规划，没有明确的自我定位，包括家庭角色定位和事业角色定位。家庭中对于后代教育有过多的期待，急于解决一些长期存在的问题。事业角色中有方向却没有具体行动目标。

2. 缺乏自我认同。基于自我定位的缺失，"钻石"自我认同感不足，在家庭关系处理上时常有无力感，自己认为没有达到比较好的状态。人无完人，面面俱到有时候是对自己的苛求。

3. 缺乏自我激励。同样因为没有明确的定位和目标，在自己做出努力、付出行动之后，没有得到预期结果而产生挫败感，无法在生活和工作中保持持久的耐力和持续的努力。

在主持教练的带领下，大家从"我曾经经历过，我身边有人经历过，假如我是你的话我会"三个角度向"钻石"提出了建议：

1. 合理分配精力，分阶段调整。在生活和事业上区分自己的精力投入如何分配，如果以家庭为主，就需要放弃一些对事业上的投入。

2. 在家庭生活中也有成就感和乐趣。用一双善于发现的眼睛，发现身边的人和事有哪些改变和成长，伴随着他们的成长，自身也能获得成就和乐趣。

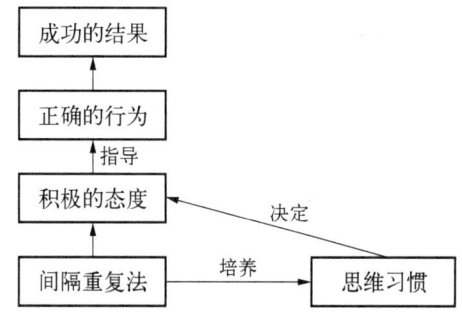

3. 享受生命中的每一阶段。相信此时此刻就是最好的时刻，不论在家庭生活中还是在工作中，全身心投入并享受这个过程。

```
        成功的结果
            ↑
        正确的行为
            ↑ 指导
        积极的态度 ←──┐
            ↑        │决定
        间隔重复法 ─培养→ 思维习惯
```

4.解决问题的办法不只有一个。可以选择折中的方案分阶段处理,把问题交给时间。

活动特邀资深人力资源管理、上海市创业指导专家卢韫实和越之鲜品牌创始人赵越担任指导专家,他们提供了具体的意见和建议,并对女性在家庭和事业中如何保持平衡提出了自己的观点和看法:

卢老师从理论层面针对"钻石""做自己"的问题给出了建议:

1.相信积极心态的力量。"钻石"认为家庭和事业是无法平衡的,这样的思维定式让她的行动受限,因此始终无法真正做出改变。因此,在行动前,我们要相信自己可以解决,要相信一切终是好事,常常怀着积极的心态去解决问题。卢老师建议"钻石"把自己当成一个新生儿,要相信自己有足够的勇气和自信去做成一件事,相信此刻的人生正是好时候,一切都刚刚好。

2.使用间隔重复法重构自己的思维模式。钻石需要改变自身的思维习惯,重构思维模式,使用间隔重复法,有意识地培养自己以积极的态度思考问题,从而改进行为,达到成功结果的目的。

3.拓展认知多维思考。每个人都有自己的认知盲区,建议"钻石"不急于给自己设限,试着多学习、多交流,拓展自己的认知,站在更高的思维纬度思考,问题将迎刃而解。

赵老师从实践的角度出发,指出人生是一个不断定位、不断提升和成长的过程。

1.设定目标积极行动。赵老师认为成功的定义是逐步实现有价值的个人目标。她以自己作为例子,指出不论是选择做一个合格的妈妈还是成功企业家,自我定位清晰才能享受过程。在不同的人生阶段,定位的侧重点不同,在养育孩子的阶段陪伴孩子成长,孩子的成长也是我们自己获得成就的过程。随着孩子的长大,重新定位自己达到自我实现的目标。

2. 坚定信念拥抱挑战。在有了清晰的奋斗目标后，就要不断坚持。在奋斗的过程中难免会遇到挑战和困难，需要我们坚定信念，不断提醒自己目标是什么，在前进的道路上，全力以赴、全情投入，享受战胜困难、克服挑战的过程，在过程中体会快乐和成就。

主持教练提到我们一直在探究家庭和事业的平衡，突破点就在"钻石"提出的"做自己"，通过这次的分享会让我们突破了自己的思维限制，不再拘泥与"事业与家庭"的二元对立，在最后分享给大家对自己很有启发的一句话，子长母成，很好地阐述了事业与家庭以及自己的共生共赢——当陪伴孩子成长，母亲也同时成就了自己。

初创餐饮品牌如何在众多的竞品中抢占一席之地?

"钻石"(问题提出者)于2021年初开始运营一家餐饮品牌,目前拥有实体店面3家,均位于大型商圈,商圈内同类店面竞争激烈,她投入大量的广告成本,市场反馈却不佳。为此,她向大家发问:如何在众多同类竞

品中找到自己品牌的优势和突破点,以及通过什么样的营销渠道可以有效宣传品牌并实现盈利?

每位参与者从不同角度提出问题,在两位老师的引导下,大家认为造成"钻石"困扰的根本原因在于:

1. 品牌定位不精准。目前"钻石"的初创餐饮店已进入运营阶段,但品牌定位与产品关联度不高,导致客户对品牌没有清晰的认识。对于自身品牌优势与价值提炼不足,未形成独特的品牌形象,没有形成完整的品牌文化,不利于口碑传播。

2. 客户画像不清晰。"钻石"将自身品牌定位于服务女性群体,但并不掌握用户的身份、属性、偏好或习惯,没有充分调研客源需求,新客到访渠道以及老客到访理由了解不充分,因此不能采取有针对性的措施。

3. 没有系统的品牌营销手段。"钻石"在店面附近有做宣传,也有在网络平台的宣传,但宣传方式不够系统,没有主次之分,也不够聚焦。

在主持教练的带领下,与会的伙伴和现场老师积极热情地探讨发言,为"钻石"提出针对性的意见和建议:

1. 做好客户调研。了解客户的需求,针对需求做好产品的更新迭代。同时通过客户的反馈来确定自身的品牌特征与价值。

2. 稳定产品质量。品牌的长期运营离不开产品质量的支撑与保障。初创餐饮店能够持续存活的根本原因就是稳定的产品质量。

3. 确定品牌运营策略。根据目前已有的产品提炼自身品牌的故事与特点,营造品牌记忆点。在客户每一次消费过程中将品牌特色植入客户脑海。

4. 选址应与客源群体一致。餐饮店对选址要求较高,该地址周围所覆盖的人群特征与品牌目标人群应保持一致,"钻石"产品为快餐类,放弃了一部分具有社交属性的餐饮需求。

本次工作坊活动邀请北大纵横管理咨询集团高级合伙人、行业咨询总经理蒋文剑,新媒体全案策略与数字营销推广专家卞爱芬担任指导专家,他们也提供了具体的意见和建议,并对数字时代下的市场营销提出了自己的观点和看法。

蒋老师认为"钻石"的问题在于"投入产出失衡,营销传播失灵,经营定位失焦",并提出以下建议:

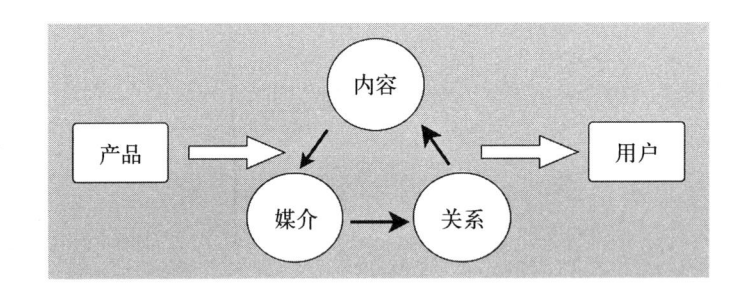

1. 从营销内容入手,提高传播效益。客户接触到产品的过程中有一个简易的传播模型,"钻石"目前在传播的手段(媒介)上花费的资金成本较高,但宣传的内容不够吸引人。"钻石"需要打磨营销内容,从客户的感想出发,了解自身品牌的吸引点,并围绕这个能够吸引人的特质进行宣传,促使更多具有相同需求,或者有相同特色的客户进行消费,从而达到引起关注,勾起欲望,强化信任,促使消费,形成口碑的传播效果。

2. 品牌应与经营打通。品牌及市场营销不独立于企业经营战略而存在,品牌应与企业战略一把抓,打通经营与品牌之间的关系,从狭小的品类入手,打穿、打透品牌和产品,集合营销爆点,通过"拼盘思维",实现营销裂变,使力出一孔从而利出一孔,做到市场足够大,切口足够小,压强足够大。

3. 创业者需要建立自身对品牌的独特认识。创业者在选择创业项目时，要对自己所处的行业有足够的热爱。如果缺失对自身行业的认知，就需要合伙人的帮助。"钻石"在创建自己的初创餐饮品牌时，最好要对自身的品牌想要表达的信息有自己的独特理解。这不仅能帮助初创者快速建立品牌价值观，更能快速找到营销方向，确定营销战略。

卞老师通过多项实例针对"钻石"的问题给出如下建议：

1. 根据客户特色确定品牌联想。"钻石"的初创餐饮品牌名称所要表达的内容与客户在实际体验过程中的第一联想存在一定差异。品牌名称的限制与不清晰的客户细分往往容易导致客户流失。"钻石"需要了解客户对自身品牌的理解与自己设想的内容存在哪些差异，便于及时调整品牌营销策略。

2. 线上宣传并非万能，营造品牌文化吸引客户再次消费。初创实体食品类产业并不推荐在第一家店就做大量的线上宣传。"钻石"在初创期将大量资金成本投入线上宣传中,收获的效益却无法达到预期。卞老师建议:在产品质量达到标准后,将更多重心投入品牌文化,利用文化和服务细节吸引感动客户。让用户主动进行宣传是初创期品牌营销的主要手法。

杨震老师通过商业模式画布分析其产品及品牌定位:市场营销首先需要对客户进行精准识别,从宏观角度根据商业模式画布,对自身的商业模式进行系统化的梳理和确定。"钻石"目前对购买过产品的客户仅有粗略的统计。杨老师建议其先做好客户细分,针对客户所阐述的具体需求推出符合产品特色的价值主张,从而创建属于自己的特色品牌。

主持教练认为"钻石"品牌对于市场的缺失补漏不够鲜明,营销的基础是产品,产品定位应从客户需求出发,在品牌建立之初应对市场痛点有足够的了解。其次,产品品质和设计应有独特的记忆点便于传播。最后,可发挥"钻石"本身拥有的供应链优势,将餐饮店做出特色,建立核心竞争力。

数字化时代，如何实现线上、线下用户的相互转化？

本期"钻石"（问题提出者）的公司属于文化创意产业，线上在微信公众号进行营销推广，同时在微信视频号、抖音号等短视频渠道推广。线下开展主题讲座、城市行走等活动，已积累一定量的客户群体。目前线上推广渠道粉丝增长较快，线下仍由固定客户群体参与，线上粉丝无法转换为线下客户。为此,她向大家发问:在数字化时代,如何将线上的流量导流到线下,实现企业业务增长?

工作坊每位参与者从不同角度提出问题,大家认为造成"钻石"困扰的根本原因在于:

1. 客户画像不清晰。钻石公司的客户群定位是35岁以上的人以及退休人员,客户群体不够聚焦,没有明确的客户定位,因此未能掌握客户群体特征,无法进行针对性的营销推广。

2. 品牌意识薄弱。钻石的核心竞争力不够突出,缺少标志产品、核心文化的输出,未能形成足够的品牌优势,无法实现品牌溢价。

3. 核心资源掌控能力不足。公司举办人文讲座活动,核心资源是课程讲师,而讲师与公司是合作伙伴关系,并不能成为公司的核心竞争力。

4. 战略定位不清晰。公司开展讲座活动,只是活动组织者,无明确的战略定位,公司、讲师、客户三方关系不够明确。

活动邀请上海企萌信息技术有限公司创始人高路与上海莲格投资管理有限公司合伙人许虹担任指导专家,全程参与的两位老师针对所掌握的情况,对钻石的问题进行了如下分析:

高老师认为"钻石"所面临的不是引流的问题,而是"如何把企业价值深挖、扩大,重新寻找企业定位"的问题。"钻石"企业有自身价值,需要把讲师、客户、平台的关系重新梳理,发挥平台优势,树立自己的品牌。

许老师认为"钻石"的问题是一个共性的问题,即"如何通过数字化来对企业运营有所帮助?"主要在于:一是企业没有专业的人才支持"钻石"想做的数字化体系;二是企业内生增长的核心供应链没有解决。

在主持教练的带领下,与会的伙伴和现场老师积极热情地探讨发言,为"钻石"提出了针对性的意见和建议:

1. 核心产品清晰化,建议"钻石"要有主打课程及名牌讲师,以主打课程作为盈利业务,其他课程作为引流产品。

2. 目标客户细分化,将客户群分类,分为亲子、成人、老人等群体,针对不同客户群体,挖掘群体需求,设计不同的产品,提供差异化服务,突出课程亮点。

3. 采用会员充值模式增加客户黏性,突出平台优势,提供给客户全方位的文化底蕴提升服务,在这一过程中打造核心品牌。

4. 线上品牌打造,通过建立网站的方式拉动新客户群体,提高品牌的关注度和影响力。

高路老师提出以下建议:

1. 通过对长期稳定客户的调研,深入了解客户需求,梳理自身品牌的价值。

2. 建立自身的品牌名称、logo 等,通过活动开展、视频传播等方式树立品牌。

3. 确立品牌定位之后,明确产品和服务内容、客户渠道、客户画像与品牌打通,实现闭环。

许虹老师提出以下建议:

数字化是一个工具,它的核心是信息垄断和整合,目前大部分企业的数字化停留在整合和提升阶段。数字化可以打通内部资金流、外部客户信息流、渠道业务流。

1. 从打磨产品开始,聚焦主打产品,走差异化路线,并建立具有快速传播能力的标准化产品。

2. 最终实现产品标准化、业务流程标准化、核心价值标准化,才能通过线上快速复制到线下。

3. 做数字化转型,早做才能在行业中占有优势。需要全平台开展,若资源有限,可以优先从抖音、小红书、企业号着手。

4. 甄别并定义"关键有用数据",从大量的基础数据中甄别出关键有用数据,形成自身的数据壁垒。

5. 女性创业需要跳出自身优势及思维局限,提升领导力水平,清晰自我认知,升级产品思维,加强跨界合作和异业合作。

6. 重视长期价值,将自身创业项目放长时间纬度,考虑项目的长期价值。

主持教练提出数字化转型是不断更新的一个课题。海蕴一直在支持女性创业,也在开展数字化系统开发工作,他们将聚焦女性创业者,发现大家的需求并提供帮助和支持。通过和大家的交流,海蕴也在不断学习和成长。

提升女性领导力,助力团队成长

"钻石"(问题提出者)从事形象设计方面的工作,在厦门开始创业,近些年转战上海作为本部进行中心化、分区域管理。在团队扩建中,新招募团队与原有团队成员无法融合,最终导致团队80%的人员离开。组织变革迫在眉睫,如何缓解原有团队及现有团队之间的矛盾,将团队目标统一到业务发展中,是"钻石"所面临的主要问题。为此她向大家发问:如何将团队从"人情味重"向高效率转变?

大家在老师的引导下,提出造成"钻石"困扰的根本原因在于以下几个层面:

1. 团队核心骨干没有管理经验,缺少职业培训。从小作坊模式转变到企业模式,其核心成员大多为执行性人才,缺少管理经验,面对新入职的成员不够成熟。同时,新入职的成员缺少专人带领进入职业岗位,入职热情消耗,长此以往导致人才流失。

2. 缺乏有效沟通机制和规章制度,不明晰团队人员需求。"钻石"与团队成员的思想无法达成一致,团队人员职位与实际能力不匹配。这些困境的最根本原因是企业内部沟通机制与规章制度的缺失,这也是小作坊成长为企业必然经历的痛点。

3. "钻石"领导力需要提升,对企业内部改革不够坚定。"钻石"与原生团队成员感情深厚,其相处模式比起员工关系,更是闺蜜关系。当成员无法认同"钻石"的观点时,成员倾向于采用敷衍的模式回应钻石。

在主持教练的带领下,与会的伙伴和现场顾问积极热情地探讨发言,为"钻石"提出了针对性的意见和建议:

1. 建立匹配的沟通机制与规章制度。了解员工的真实需求和目标,弱化老团队成员的领地意识,提升新老成员驱动力。

2. 引入第三方职业咨询机构。通过外部力量和更高的视角挖掘团队问题,提升团队能力,为团队发展制订客观且宏观的发展计划或者建议。

3. 提升自我领导力。通过自身的领导力去影响团队行为,强化成员的规范性。

Tips：女性领导力

一、什么是领导力？

巴斯（Bass）与斯托迪尔（Stogdill）合著的《领导力手册》中考察了对领导力这一概念的研究，并列举了有代表性的定义，主要包括：

1. 领导力是组织的工作核心；
2. 领导力是人的个人品质及其产生的效力；
3. 领导力是一种与众不同的角色；
4. 领导力是组织结构的建立者；
5. 领导力是一种使他人服从的艺术；
6. 领导力是影响力的施加过程；
7. 领导力是劝说的一种形式；
8. 领导力是一种基于权力的关系。

二、领导力特质因素分布趋势

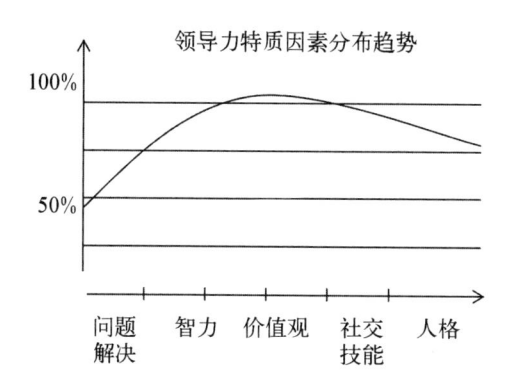

领导力特质因素分布趋势

横轴：问题解决　智力　价值观　社交技能　人格

三、领导力风格

授权型：注重对人的领导，放手让他人通过执行计划和战略实现目标。

指导型：凭个性进行领导，大量运用权力，行为驱动的组织。

专家型：利用个人的知识技能解决问题榜样型领导。

本次工作坊活动邀请孟繁玲、卢韫实担任指导专家,全程参与的两位老师也提供了具体的意见和建议,并对女性领导力和团队管理提出了自己的观点和看法。

孟繁玲导师从企业创始人的角度,以自身经验告诉"钻石":团队从情感型向高效型转变是企业发展过程中必然经历的一个阶段,成长的"阵痛"无可避免。为此她向"钻石"提出如下建议:

1. 引入专业人才,通过外部的专业力量帮助解决团队问题。

2. 通过 SOP 等方式设立专业管理制度以及考核机制。通过专业、规范的机制去约束团队成员的出格行为。

SOP(Standard Operation Procedure)即标准作业程序,就是将相关操作步骤进行细化、量化和优化,以统一的大家都能理解的格式描述出来,用来指导和规范日常的工作。

3. 多元化吸收团队人才。团队需要有狼性的人才,也需要有柔和的一面。同时,"钻石"在与团队沟通时也可以通过分配自己与合伙人不同的角色方式,来达到震慑和感化成员的目的。

卢韫实导师结合自己的教学经验,挖掘"钻石"问题的根本原因为:

1. 团队融合只是表面问题,造成这个问题的深层原因是"钻石"女性领导力的缺失。

2. "钻石"对自身职责存在误区,同时太过依赖外来人才。而实际上引入外来人才治标不治本,提升自我管理能力才是关键。

从女性领导力出发,卢老师为"钻石"提出阶段性意见:

第一步:明确自身目标,从自我目标出发寻找合伙人。

第二步:明确团队的目标,适当运用"OKR"等沟通方式,将目标清晰地传达至每位团队人员。

第三步:确定企业价值观,通过企业价值观确定团队人员的行为规范。

第四步:明确岗位的担当、输出的价值。

对团队有高效的要求,需要自我先做到高效,并对高效有自己的了解和定义,将自我的理念传递给团队成员。

主持教练提出这次"钻石"与大家共性的问题在于新旧团队的融合;而个性的问题在于跨地域管理。跨地域管理是一件很困难的事,各地文化差异较大,不同地域之间的成功案例无法复制。身边少见跨地域管理的成功案例,建议"钻石"慎重考虑这一问题,在成为更强的管理者之前将作战区域集中管理。

如何用个人 IP 转化客户

本期"钻石"（问题提出者）创有一家高新科技咨询类公司，平日的兴趣爱好是拍摄脱口秀等娱乐视频，在平台上拥有一定数量的粉丝。但目前仅有推广度，没法核实与量化其个人 IP 是否为企业造成盈利，为此她向大家发问：如何通过打造个人 IP 的方式来转化客户？

根据"钻石"的实际情况,大家在三位老师的引导下,提出造成"钻石"困扰的根本原因在于:

1. 打造个人 IP 仅停留在兴趣层面,没有设定目标。"钻石"本身是从兴趣爱好出发而进行个人 IP 的宣传与活动,在宣传过程中也是以个人形象为重点,与企业关联度较为薄弱。

2. 平台限制。"钻石"主要根据单一线上平台进行个人 IP 活动。平台风格对"钻石"的内容产出有一定限制,平台用户与"钻石"目标客户并未达成最大化重叠。

3. 个人 IP 运营团队缺失。打造个人 IP 的运营需要多元化的团队,才能更高效地去运营它。其内容的呈现是更偏向艺术形态的,需要连接艺术性的专业人才,提升视觉与内容,做更好的呈现,进而与客户形成链接。

在主持教练的带领下,与会的伙伴和现场顾问积极热情地探讨发言,为"钻石"提出了针对性的意见和建议:

1. 保持目的性，确定发展目标。通过明确目标，能结合企业发展规划，针对企业需求进行更贴合的宣传。个人 IP 打造与公司的契合度越高、变现程度也更好。

2. 保证自己的内容，保持一致性，保持更新频率。个人 IP 的运营需要持久的同种风格输出，这样才能持续吸引客户。

3. 结合平台优势，反思平台限制，多平台齐头发展。"钻石"可以更具企业特色，寻找高知人群较多的平台，利用平台标签，结合平台人群特色更进一步发展。

4. 从客户角度出发，提高客户信任度，提升转化率。企业与客户形成交易的基本要素是"信息不对称"和"信任传递"。传递信任的方式有很多种，其中好友推荐是最容易达成的，而个人 IP 对客户的链接较弱，难以促成交易。从面向公域平台的泛娱乐式宣传激活私域，在信任度的加持下进行转化，通过线下活动巩固与客户的信任，从而完成转化。

Tips：

公域流量其实就是初次主动或被动参与到开放平台的内容曝光中的流量。与公域流量相反，私域流量是在初次产生"关系"基础上相对封闭的信任流量。

活动特邀自有媒介传播机构创始人卞爱芬和西上海知名的专职互联网＋创新导师钱致远担任指导专家。全程参与的两位老师也提供了具体的意见和建议，并对商业模式提出了自己的观点和看法：

卞爱芬导师强调：打造个人 IP 是初创企业低成本营销的主要渠道之一，非常适合做引流。为此她提出：

1. 个人 IP 需要明确归属问题。"钻石"是该企业的合伙人，其个人 IP 与企业发展方向一致。如果由企业内部员工进行个人 IP 运营则需要明确此 IP 的归属权。

2. 明确定位和目标。在持续投入 IP 运营时需要明确其定位及目标，结合企业发展规划，二者相辅相成。

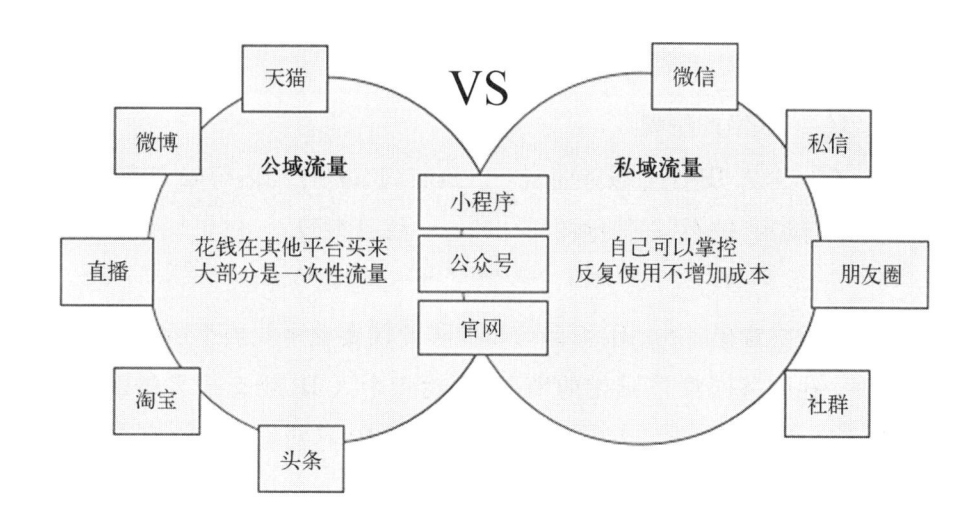

钱致远导师从宏观视角出发,为"钻石"提出以下建议:

1. 把握时代机遇,学习新兴宣传方式。目前,短视频平台当属时代红利,抓住机遇运营个人 IP 是目前最为流行的方式,但也要时刻注意环境的革新。

2. 线上线下齐头并进、相互融合。将短视频平台视作服务后与客户联络的媒介。在运营目前短视频平台的同时不能忽视与客户的线下联络,强调线下联络的价值。

3. 运作个人IP作为服务前置。以真实的案例作为内容吸引客户,进行引流,有助于"钻石"在其他同质化内容中找到突破。

主持教练提出,个人IP打造的重要程度需要看企业当下所面临的情况如何。在服务很难差异化的情况下,运营个人IP会有很大帮助。当然,如果企业业务创新的发展空间很大,个人IP打造更应该与企业的业务创新相辅相成。

揭秘股权设计的底层逻辑

本期"钻石"(问题提出者)是一家以舞蹈培训为主的文化传媒公司的创始合伙人,在公司主要负责培训和客户管理。近期,她的公司正在筹划新增一个校区,计划在新校区为核心员工分配一定比例的股权。她向大家提问:如何在不影响原股东利益的前提下,对核心员工实行股权激励?

在三位老师的引导下,大家提出造成"钻石"困扰的根本原因在于以下几个层面:

1. 核心员工画像不明确。"钻石"所在公司的管理层虽然在给员工分配股权这一事项上达成了一致,但是对于员工符合哪些标准才具有配股资格,没有具体章程,带有主观性,不利于管理模式的复制。

2. 股权激励机制不够完善。"钻石"的主营业务舞蹈培训对人的依赖很大,需要提前考虑人员退出带来的损失和风险。股权激励机制须同步设立进入和退出机制。

3. 未厘清股权与经营权的关系。股权分配问题背后的核心问题是未来如何发展,本质上是经营策略的问题,需要清晰地界定股权与经营权。

在主持教练的带领下,与会的女创客们和现场指导老师积极热情地探讨发言,为"钻石"提出了针对性的意见和建议:

1. 建立核心员工标准。根据公司特点、未来发展目标,制定一套适合公司实际情况的股权分配制度和流程,明确核心员工标准,增强股权机制的可操作性、公平性、公开性。

2. 建立股权激励和制约机制。在合理、客观评估公司经营能力的基础上,可以分阶段通过附条件的方式分配股权,既达到激励的目的,又有一定的制约功能。

3. 建立股权退出机制。建立股权退出机制,降低配股人员退出带来的风险和损失,提前预判和做好风险防控。

4. 厘清股权与经营权。股权和经营权的分离是现代公司发展的必然趋势,公司运营的本质是一种资源整合的过程,股权和经营权分离能够使参与各方明确责任和义务。

活动邀请上海泰礼创业投资管理有限公司(接力基金)副总裁倪修斯

与上海科技创业投资股份有限公司副总经理吴杰担任指导专家,吴杰导师以"初创合伙企业的股权分配原则"为中心,为"钻石"提供了股权分配建议。倪修斯导师从企业管理的两面性考虑提出激励和制约需要同时进行,为"钻石"提供了解决方案。

1. 紧跟政府政策引导方向。教育培训行业属于牌照经济,政策波动会严重影响发展,为了降低政策波动的影响,未来需要增加公益事业发展方向的业务,向政府政策靠拢。

2. 初创合伙企业的股权分配原则。初创合伙企业的股权分配要遵循以事业为重,注重资源配置,把握好控制权,设置股权兑现机制的原则。

3. 管理者需要的六个转变。创始合伙人在由基层岗位转向管理职位的过程中,需要注意六个转变,即职责的转变、拉动方式的转变、工作技能的转变、控制方式的转变、自我评价方式的转变、心理满足方式的转变。通过转变认识自己的角色和定位,思考公司的核心竞争力,建立独有的课程体系,提升学员、老师的包装能力和主导赛事的能力。

4. 建立标准化的制度和流程。建立标准化的制度和流程是实现公司发展战略的有效手段,有利于公司各部门的协调发展,也是提升公司管理水平的内在需要。

5. 公司扩大规模的逻辑。要理解管理学中"科斯定理"的概念,即公司的规模取决于使用内部组织的形式更有效率,还是市场化的形式更有效率。如果内部组织形式运营更有效率,则规模可以扩张;但扩张到一定程度后,边际成本(内部协调成本)会上升,边际效益会递减。当组织内部运营的成本高于市场化的形式时,公司规模就会缩减。建议"钻石"分析公司的情况,用管理的理念规划公司发展规模。

主持教练希望大家能够沉淀讨论,把学到的东西付诸实践。通过两位专家的指导,让我们跳出原来的思维范围,看到了更多的投资人会在意的其他重要问题。在发展过程中,需要借鉴行业中模范公司的经验,来对照自己公司的现状进行思考。希望紫玉兰的同学成长为模范企业家,海蕴会长期跟进大家创业项目的发展情况。

数创时代向善向美
——上海创业女性案例与访谈录
（2019—2022）

三、女性创业访谈

践行"蓝海"精神，不忘初心，砥砺前行，她是"人力资源行业"的领航人

她是

上海蓝海人力资源科技股份有限公司董事长

上海市第十五届人大代表

上海市第十五次妇女代表大会代表

上海市普陀区工商联第十五届副主席

上海市普陀区妇联兼职副主席

上海市女企业家协会第五届理事会常务理事

上海市普陀区劳动和社会保障协会会长

上海人才服务行业协会副会长

上海市普陀区女企业家联谊会副会长

普陀区女性创业指导专家

全国巾帼建功标兵

上海市三八红旗手

上海市"两新"组织优秀党建之友

全国民营企业文化建设先进个人

2013年度上海市巾帼建功标兵

2017—2018年度上海市三八红旗手标兵提名奖

普陀区优秀中国特色社会主义事业建设者

2018年上海商业行业杰出人物

她

审时度势，敢为人先，开创了"人力资源行业"中的"蓝海"；不忘初心，立志打造百年基业，引领行业发展；

心怀感恩，不断反哺社会，回馈大众……

敢为人先，开创行业"蓝海"

2008年，她审时度势，在上海普陀区注册了上海蓝海人力资源有限公司，创业征程再出发。适逢国家颁布《劳动合同法》为行业提供了法律支持，蓝海股份把握时机，逆势扩张，开始全国网络布局，在行业内率先提出人力资源生态圈概念，并把打造全产品一站式服务能力作为企业的核心能力。

所谓生态圈战略是将人力资源的六大模块产品进行横向和纵向的延伸,裂变出以人事代理、派遣为主体的产品细分矩阵,将项目分类定位,把商学院、管理咨询、法务咨询、猎头作为战略性导入,把商业福利、法律诉讼、基金会作为衍生性产品,把教育板块及资本板块作为资源储备型产品及产业循环链。在产品的细分上形成了一个良性的闭环,为企业深度营销及价值服务提供了有利的转化。

在她的带领下,蓝海一步步踏实走来,实现了全国网络化布局,已然成为能够在全国提供一站式、全产品服务的人力资源综合解决方案供应商。

回首十年创业路,王彦博表示,创业是艰难的。

公司在2010年就完成了全国布局的阶段性目标。但此刻正是需要大量资本投入的时期，加之品牌影响力和业务服务能力尚未被市场所接受，人才服务梯队尚未健全，这个阶段是最难过的。好在机遇与挑战是并存的。上海世博会的召开，蓝海参与了世博会9个场馆及公共服务区的运营服务。通过服务世博会，蓝海提升了自己的品牌，也树立了口碑，让蓝海赢得了更多为企业客户服务的机会。蓝海的业务开始快速增长，同时进一步加快了向全国布局的步伐。

不忘初心，砥砺前行

创业十年，蓝海集团获得的奖项不断，不仅是上海人才服务行业协会理事会单位和上海人才服务行业协会劳务派遣分会副会长单位，同时也被人才服务行业协会授予"行业信得过单位"的称号。

面对成绩，王彦博并没有停下脚步，她致力于"打造百年基业，引领行业发展"的初心仍在。十年前，蓝海制订了第一个五年计划，打造全产品一站式的服务能力，实现企业盈亏平衡。第二个五年计划就是树立行业品牌地位，实现企业可持续性发展。第三、四个五年计划的主要目标是资本化与国际化。同时，她还有一个很大胆的想法，希望在5年内可以实现行业内员工薪酬福利第一名。

十年，仅仅是开始，她会坚定地走下去，直至目标的达成。

心怀感恩　回报社会

人生的价值不是成功后的荣光，而是追求的本身、信念的树立和坚持的过程。感恩文化是王彦博最想打造并一直所坚持的企业文化。公司积极践行"专业、高效、诚信、感恩"的企业精神，把思想化为行动，把感恩文化贯穿企业发展的始终：鼓励大家一起参加公益活动，感恩社会；鼓励大家为父母洗脚以践行孝道;公司感恩员工的付出,为其提供免费午餐;针对公司内女性员工较多的情况,专门设立哺乳室,以便特殊时期女性员工的需求……蓝海将感恩文化融入员工的日常工作和商业模式中,鼓励员工广泛参与公益事业,将社会责任的参与感深植于每一个员工心中。

蓝海股份在2010年成立了"蓝海爱心基金",由全体员工每月自愿出资,积累基金池,专门用于帮助困难的蓝海员工及其直系亲属。在创造经济价值的同时,慰问孤老、走访社区、公益植树、交通执勤、关爱弱势群体等多项活动自我践行、共建联建,成立了"蓝海志愿者服务团",将公益活动系统地、长期地开展下去。

多年来,王彦博和先生一直坚持"反哺社会、回馈大众",先后捐资4 000余万元用于资助失学儿童、支持灾区建设、支持行业发展的公益讲座等,捐助300多名失学孩子,公益讲座受益20多万人次。

为了更好地开展公益事业,王彦博与公司共同出资,于2016年成立了全国人力资源行业第一家公益基金会——上海蓝海公益基金会。蓝海基金会的成立,不仅实现了"百年企业、百年公益"的夙愿,更标志着我国公益事业将会在更多的行业领域得到纵深发展。

为女性代言,助力女性创业

在"大众创业、万众创新"的浪潮下,越来越多的人踏上了创业、创新之路,其中,女性群体的崛起不容忽视。作为优秀女性代表中的一员,王彦博曾获上海市人大代表、全国及上海巾帼建功标兵、上海市三八红旗手、红旗手标兵提名奖等多项荣誉,荣誉的背后是其揽下的为女性代言的责任与义务,她不遗余力,尽可能助力女性创业成功。"女性能顶半边天,女性的问题解决了,就相当于解决了中国50%以上的问题。"

针对为创业女性服务的普陀区妇联"孕育乐享丽人创业计划"项目,蓝海集团给予了鼎力支持,并被授予为"女性创业实践基地"挂牌单位。

一方面,蓝海面向创业者开展各类创业、就业培训,组织关于劳动法、公司法、企业管理、团队建设等内容的学习活动,每年组织一场上千人的大型公益论坛,邀请业内知名人士共同分享与讨论;另一方面,加强与创业女性的沟通交流,组织企业参观,向新创业女性介绍分享经验,并就其商业模式、发展方向、管理运维等多个方面进行解析与指导。

除此之外,王彦博更是打造了蓝海商学院,致力于打造研究、教育、咨询三位一体的商学院,在教学实验、学术研究基础上开展教学与学科研究,为创业者与企业家提供面向未来的商学教育内容与创新方式,通过管理咨询将所学内容应用到企业实践并促进企业发展,为中国发展培养具有全球视野、创造能力、社会担当的创业者与企业家。

以己之力,言传身教

在王彦博看来,家人给予的支持是她创业最大的支持,也是她得以把蓝海做大做强的关键。创立蓝海之初，王彦博的先生也有自己的公司,夫妻双方都在忙彼此的事业。但双方都彼此理解,并尽可能地抽出时间多关注生活和家庭,照顾彼此,让家庭更加幸福温馨。

创业是己之责任,教育子女、照顾老人等家庭责任更甚,她相信把自己磨炼得更强大,才能把事业做好,让家庭和睦,让子女成长无忧。

射击运动员出身的王彦博秉持着乐于挑战、永不放弃、笑对生活的精神,用自己的努力从容权衡家庭与事业之间的关系。她为自己设立了不明文规定,晚上不应酬、节假日或下班后电脑不带回家办公,将时间留给家庭。看似简单的承诺,她却是用了一年半的时间才慢慢改掉曾经的习惯。对于王彦博而言,她将家庭放在第一位恰是其最好的平衡,也正如此,家人对她的事业给予了充分的支持。

曾经在事业发展的关键时期,她与先生的大部分精力都放在了企业上,对孩子是缺少陪伴的,但儿子却安慰她说,"跟同学提起妈妈,我很自豪地告诉他们,我的妈妈是一位企业家。"更多地,她期待能言传身教,采用开放式的教育方式,通过自身的言行举止去影响孩子的成长,使他成为一个善良、独立、为社会做出贡献的人。

有一件事,至今一直令其难以忘怀,深深地触动着她的内心。当时儿子才8岁,正是在华宇与世界五百强企业荷兰物流巨头TNT公司合并时,他眼含泪光问,"妈妈为什么要把企业卖掉,华宇的员工你们不管了吗？你们很喜欢钱吗？"那个时候,她突然觉得儿子长大了,他对企业有感情,对员工也有感情。"也正是他的话,激发了我二次创业的决心！"

总结经验　勇往直前

作为亲历改革开放40年的一代人,二十多年的创业征程,承载着王彦博的企业梦、中国梦。她深刻感知着祖国强大给人们带来的意义,人力资源行业亦在这一时代变迁中发生了翻天覆地的变化。

2011年,王彦博出版了《心灵契约》一书,她把自己的成长历程做总结归纳,希望通过这种方式不断提升自我。同时,将自己多年来在人力资源行业领域的心得与大家分享,帮助大家在职业选择上少走弯路。

人力资源在企业生存发展中起着十分重要的作用。在她看来,人力资源管理是一门艺术,既要有科学性,还需要有艺术性。她提供了三点建议:首先,人是有感情的,企业需要情感投入,与团队建立共同的愿景目标,打造拥有共同价值观的团队;其次,企业是动态存在的,企业需要提供吸引人才的激励机制;再次,以真诚留人、待人,做到人尽其才、人尽其用。

从咨询师到CEO,她开创了用信息技术为企业赋能的新模式

她是

普陀区"创新创业优秀人才"

普陀区女性创业导师

上海大学研究生导师

上海企荫信息技术有限公司创始人

她

不畏艰辛,不断尝试,在创业的道路上勇攀高峰;

心系社会,授业解惑,为创业者指明前进的方向;

独树一帜,不忘初心,秉承仁义礼智信,将传统文化融入现代管理,谱写属于自己的精彩乐章……

胸怀大志,追逐管理梦想

"我在管理的海洋中徜徉、遨游,我热爱管理。"

高路毕业于天津大学精密仪器专业,她的职场生涯开始于电子行业。

大学毕业后就进入华录·松下工作，值得一提的是，正是踏入社会首家企业的科学高效管理制度与理念影响了高路的事业发展历程。

在进入华录·松下后，她遇到了职场导师——直属部长，对她产生了重要影响。当时正值高校毕业生就业期，部长慧眼识珠，从众多应届毕业生中挑选了她作为最有潜力的管理人才来培养，也正是拥有了这个难得的机会和宝贵的平台，使她得到了快速成长。

高路天生对管理热爱和痴迷，而华录·松下拥有日本与欧美相结合的先进管理方法。得此天时地利人和，让她在此期间内得到了充分的学习和全面的锻炼。在她亲身感受了日本和欧美先进的管理方法后，更加坚定了自己学习管理的目标并为之不断努力。

在完成日常工作的同时不断学习、不断总结、不断体会其中的优良之处，同时也广泛阅读关于经典管理方法的书籍和优秀企业家的个人传记，从职场伊始就为今后的"管理事业"发展之路埋下了成功的种子。

作为刚刚进入社会的大学毕业生，尤其是处在大公司中的女性工作者,她用更高的标准要求自己、用难度更高的目标鞭策自己。功夫不负有心人,高路在28岁时,便已经成为华录·松下的中高层管理人员。5年时间让她彻底改变了自己,从一个怀揣着"管理梦想"的职场小白转变成为一名年轻有为的管理人才。

全面学习,"魔鬼"自我约束

"伴着朝阳上班,踩着夕阳回家"。

在达到了职场上高于同龄人的第一个"小目标"后,她将注意力放在了如何将管理做专做精上。2000年,她开始将工作重心定位在了"品质管理"上。品质管理指以质量为中心,以全员参与为基础,目的在于通过让客户满意而达到长期成功的管理途径。企业只有得到买方的认可,才能获得持续的收益。为保证产品的质量和销量,需要有专业的生产和推广技术,用最经济的办法打造满足顾客需求的产品质量管理体系。

经历了3年的品质管理实践,高路逐渐明白了日本和欧美科学管理方法中的精髓及在实践中的灵活应用。

当年纪轻轻就已经成为华录·松下核心管理层时,她做出了一个惊人的决定:放弃目前所有资源,离开更有提升空间的管理岗位,进入IT部门成为一名IT工程师,从编码技术学起。当她做出这个决定时,震惊了包括中资、日资老板在内的所有人,老板与部门领导为了挽留人才,甚至为她提供了可以进入任何一个部门工作升职的机会。

面对优厚个人待遇的诱惑,高路婉拒了上级的好意,毅然决然地进入了IT部门,从最基层的工程师做起,学习编码技术。

当谈到这个"惊人"决定背后的原因时,她的回答却让人深思,她认为信息化在未来会影响到所有行业,自己在这方面的知识不够,所以为了全面发展自己,顺应行业和时代未来的发展需求,最终做了这个选择。

由于零基础起步,开始学习时异常艰难。而她为了尽快缩小与别人的差距,对自己进行了"魔鬼训练"。进入IT部门的起步阶段,每天的时间是这样的:最早到公司,开始学习工作;最晚离开公司,总结一天的工作;到家后,大量阅读书籍,填补知识漏洞。每天睡眠时间仅有3小时左右。

这样高强度的作息让她在极短的时间内学习了大量IT的相关知识并升任部门负责人,但是随之付出的是身体的消耗,在经历了很长一段时间的"魔鬼作息"后,她病倒了。而她觉得,人生需要拼搏!在两年半之后,精通信息化工作的她又开始了下一段征途、下一份挑战。

运筹帷幄,迎难激流勇进

"要勇敢地接受挑战,智慧地抉择很重要。"

2004年,加入了Atos(源讯中国)的她迎来了人生的新旅程。Atos作为欧洲第一大资讯管理公司,拥有先进的管理办法以及优质的咨询管理服务模式。虽然当时自己的专业能力还处于起步阶段,但源于对咨询行业的热爱和对企业信息化服务的兴趣,她还是选择了 Atos。

得益于工作经验的积累和自己的适应性,在入职仅 4 个月后,她通过不懈努力,成为技术经理,拥有了更高的平台。深入学习和项目实践中她掌握了信息化咨询服务的科学管理内涵:以咨询式推广来充分理解客户的需求,提供客户整合解决方案,弹性的信息化平台来适应客户业务的不断发展变化。这就是后面她创立企荫信息的初衷:真正让信息化令客户感觉有价值。

在工作了三年后,因 Atos 暂停了一部分在华业务,她迎来了从职业经理人到创业转变的契机。在之前企业服务过程中,高路因其专业的服务能力获得了很多客户的信赖。由于 Atos 原服务产品的中断,很多老客户纷纷向她表达合作的诉求,她也意识到自主创业的时机到了。

2007 年底,她成立了上海企荫信息技术有限公司。但终究创业不易。同期与她一起离开 Atos 的还有四五组同事,其他同事纷纷选择了继续从事 Atos 类似模式的管理咨询工作,但是高路认为自己需要选择与他们不同的模式并加以创新才是寻求发展的合理途径。经过分析后,她选择从客户化服务模式切入,开启了自己的创业之路。

深入思考,创业需要智谋与毅力

"资源与能力,要与创业的定位相匹配。就是做自己最擅长的事情。不要被外界的声音所干扰。"

"必须有信心和耐心,有了耐心你就是行业的深耕者,立足于客户发展需求和产品研发方向。"

"做中国的 PAAS 平台!"(PAAS 平台将应用服务的运行和开发环境以服务的形式提供给第三方使用,是当下云计算时代的一种商业模式。)

高路的创业企业与其他企业不同,行业跨度很大,定位于新领域和较为基础的机电行业开始,所以起步阶段较为艰难。但是高路一直坚持一件事情:产品和服务一定要充分满足客户的需求。

基于这个专注的想法,公司所做项目与研发产品均以客户需求为出发点制定,并且逐步收到了成效。公司研发产品至今,已与数十家中外知名企业达成了长期合作,最长的已持续服务至今达10年之久。

当然,企业的成功也离不开在创业道路上共同前进的伙伴们。高路时刻揣着一颗感恩的心,不忘那些志同道合的"追梦人们"。她想对他们说:"这些年创业,我非常感恩陪伴我的企业,曾经的和现在一直认可企荫的朋友,陪伴企荫一起成长的伙伴"。正是他们的陪伴,助力了企荫的不断发展、思路的不断拓宽。

随着项目开拓和产品研发,高路逐渐将眼光放在了中国的中小企业身上。当时,中国的中小企业数量突飞猛进已经达到了很大的规模。但是实际情况显示,当时市场上几乎没有适合中小企业使用的信息化产品。

所以根据对市场的前瞻性和爱国情怀,公司研发了对中国中小企业来说进一步降低成本、提升效率的PAAS产品,现在已经主要运用到了上海各高校研究生院。

此产品的研发也真正打造了公司的核心竞争力。关于系统打造核心竞争力这一关键点,高路也给出了自己对于广大创业者的建议:

1. 首先要做好自己该做的事,按照国际化高标准要求自己。

2. 一定要重视"专利权",重视企业的资质。

3. 要匹配自己的资源和能力与客户的需求。

4. 产品和服务一定要有得到客户认可的价值。

5. 企业科学管理是非常重要的。做好企业文化,做出属于自己企业的"范"。

致知力行，共创美好明天

21世纪的中国，政治经济高速发展。作为伴随着祖国发展的见证者，高路认为中国长期处于高速增长的阶段，未来也一定会保持良好态势，继续快速发展。但是还存在着一些问题，在大方面，还存在环保、经济结构调整等有待解决的问题；在创业方面，中小企业得到的扶持还有待加强，创业企业发展缺少借鉴中国传统文化与智慧的方法和经验。不过，她相信随着国家发展和改革的不断推进，中国必然会克服一切困难，更上一个台阶！

关于女性创业主题，她认为我们很幸福地处在很好的时代与城市，现有环境已经为女性打开了一片天地，可以充分发挥自己的聪明才智。作为女性，要不断克服各种困难、战胜自己、相信自己。顺应当前科技发展的趋势，利用女性的特质和优势，用大海般的胸怀正确对待问题，刚柔并济，有原则地处理事情，开创属于女性创业的一片天地。

作为普陀区女性创业导师，高路也对普陀区妇联支持女性创业的工作以及"孕育乐享丽人创业计划"给予了高度评价："这几年来，看到项目为创业女性提供了很多实在的帮助，为其在创业路上保驾护航，营造了良好的支持女性创业的环境。"

同样，关于未来的发展，高路也分享了她的看法，希望根据女性创业者的需求进行细分，从而提供长期有效的服务，把项目做得更远更久。而她也将会以身作则，为广大女性创业者提供指导和帮助，与创业女性共同发展，共创普陀美好明天！

数字赋能企业升级，她站在数智化转型的风口逆势飞扬

2020年，一场突如其来的新冠疫情为线下活动按下了暂停键，这让很多行业措手不及，许多中小企业面临着关停、裁员、降薪等局面，然而她却抓住时机快速转型，将营业额从第一季度(疫情暴发期)的0，提升至第二季度的近千万元。她说，"我们中小企业一定要想办法活下去，还要争取比去年活得更好。"她是上海国匠数字科技有限公司(以下简称"国匠科

技")的创始人、总经理,上海市普陀区妇联菁英荟秘书长,数智化达人孔苗。

善于化危为机

新冠疫情对大多数行业的打击很大,对于孔苗来说亦是如此。

由她创立的国匠科技是致力于以"文化创意+科技创新"为双核引擎,业务专注于数字化营销、互动科技、数字展馆和办公智能化领域,助力政府、园区和企业踏准时代步伐,用有效的数字化营销工具和智能化展示产品,打造数字化和智能化企业新形象。

2020年1月底,新冠疫情来势汹汹,她立即响应政府号召,取消自己和家人的外出度假计划,并号召员工及早返沪,居家办公。2月10日,返岗上班。然而员工返岗后却面临着"无工可干"的尴尬局面:数字展厅业务是施工项目,可是疫情当前,所有工程项目暂停,不能进场施工;新接洽的项目需要跟甲方开会汇报方案,但仅通过视频会议无法达到预期效果。值此有心力余的空档期,孔苗将矛头直指自身。既然国匠科技是为其他企业提供数智化转型服务,那为何不趁着这空档将自己公司的数智化转型提升下呢?

说起数智化,很多人以为很复杂、很贵,中小企业负担大,实际不然。数智化可以通过很多工具来实现不同的功能,甚至有的工具是免费的,关键在于使用者是否会用,能不能用好。

凭借其数智化的思维和专业能力,国匠科技突出重围

1月28日,孔苗建立了第一个社群"数艺慧",定期分享数字化、设计美学与商业智慧等信息,并计划开设一、二、三群,累积用户流量。

2月中下旬,国匠科技公众号成功改版,新网站上线,及时展示国匠科技在转型中设立的新的业务方向。

与此同时,小程序正式上线。时下,小程序应用广泛,是企业赋能的一个重要方式,国匠科技的电子名片小程序在保有信息展示的功能外,更是标新立异,在后台设置 CRM 客户关系管理系统,可以实时查询被查看情况,以便及时获知潜在的客户需求。

3 月 20 日,第一场直播开播,开始着手打造创始人 IP,通过直播及系列短视频生动地展示了数智化的形象转变,拉近与朋友、客户、合作伙伴的关系,让对方充分有效地认识和理解国匠科技的数智化产品;4 月,签约阿里钉钉,代理销售办公智能化产品,将钉钉办公与国匠科技自有数智化展示有效整合,面向中小企业推出办公智能化 4.0 解决方案;5 月,开始着手"数字化商学院"线上平台的搭建,为众多企业"扫盲",并通过链接腾讯、阿里等大量行业内专业人员,从实战角度为大家分享数智化的工具,明确数智化能为企业做什么。

快速进行产品创新,为企业转型注入新动力

企业数智化转型的第一步是营销的数智化,然而如果企业产品单一,仅能在线下销售,而不能在线销售,其转型亦会受限。

在疫情发生之前,孔苗带领团队通过在线平台等广泛资源加速数字化学习,疫情前公司的核心产品是数字展厅,项目大、周期长,因疫情原因春节前已签合同一直不能进场施工,新项目又不能和客户见面及汇报方案,工作与人员处于停滞状态。

疫情发生后,孔苗迅速调整了产品线,将数字展厅里面运用到的数字化技术拆解开来,曾经业务中的数字展厅,服务价格动辄几百万元,甚至上千万元,但现在通过拆解,可以变成几十万元,甚至办公智能化还可以变成几万元,最低做到七八千元……她将办公智能化硬件和软件与数字展示进行衔接,针对中小企业推出办公室智能化的解决方案,将办公室打造为企业的数智化营销中心,每一位来到办公室参观的用户都可以及时了解,参观促进成交,转化为客户需求。

面向中小企业推出了拆解的低价+有效的数字化产品后,她突然发现原来需要数智化转型服务的企业有这么多,只是之前的产品定价和模式在一定程度上制约了销售量。做企业,需要有不断创新和勇于改变的气魄,有时候,向前勇敢地迈出一小步,改变一点点,后面的结果就可能顺其自然,取得很大的收益。

一家公司的力量是有限的。2020年起,她持续发力,在全国范围内开放寻找合作方,通过合作建立子公司来帮助他们进行数智化转型,再由他们去为当地更多的企业提供数智化转型服务。这种商业模式顺利拓展后,那业务量将会大大增加。

敏锐洞察，她"弃文从理"，站在数智化转型的风口逆势飞扬

做好当下，所有当下的付出都会成为日后自己的经历与竞争优势，在未来的创业之路上帮助自己走得更稳更好。

孔苗是从上市公司托普软件集团的一名产品助理起步成长为产品经理，再做到分公司的总经理，从不给自己设限的她，决定跳槽至大都市杂志社，大量涉足了品牌、媒体、视觉设计等领域。多年丰富经验的积累，促使她开启了首次创业之路。十年间，在公关广告行业不断打磨历练，她在认识到传统行业的瓶颈后，得益于众多人工智能企业客户的启发，果断进入数智化领域，开始尝试着去做一些数字化的项目。孔苗并没有浅尝辄止，相反，她发现人工智能和数字化大有可为。于是，2018年她正式成立了国匠科技，将数智化业务从原来的文化公司中剥离出来，希望能为更多的企业赋能。2020年初，遭遇新冠疫情，对于身处数智化行业的她来说，有"危"亦有"机"，她抓住了机遇。疫情让更多的用户认识到了数智化转型的重要性，在疫情全面爆发的第一季度，她的营业额为0，然而通过其不断"突围"，第二季度营业额已近千万元。

种一棵树，最好的时间是十年前，或者就是现在。做数智化转型亦是如此，最好的时间是十年前，或者就是现在。

说起数智化，很多创业女性都会望而生畏。孔苗希望能推动和帮助更多女性了解数智化。这有点像女性化妆，通过美妆工具把自身变得美丽，而企业做数智化升级亦是如此，通过有效的数字化营销工具和智能化展示产品工具，来提升企业的销售和流量，从而为企业赋能，让她们的企业走得更好。

孔苗为大家分享了"小白"如何快速进入数智化领域的可复制的经验：

首先，需要关注这个行业，了解行业内一些数智化升级做得好的明星

企业,并且明确自身企业数智化升级的目标。

其次,找准靠谱的合作商,筛选出适合自己企业的数智化升级方案,选对人和方案,企业就不会浪费预算。

再次,企业数智化升级与转型是一个持续的过程,不太可能一蹴而就。可以先选择最需要转变的一个痛点,一点一点做起来,一边做一边调整,不要想着一步到位。完成比完美更重要!

凝心聚力,女性菁英在新时代携手乘风破浪

最后,孔苗提到2020年5月由普陀区妇联和投促办共同成立的"菁英荟"普陀女性英才工作委员会,是在面对未来高速发展的数字化时代,特别是受到上半年疫情影响后,政府搭建的服务女性菁英的非常有意义的平台,来的恰逢时机。孔苗本人作为菁英荟秘书长出谋献策为菁英荟

设计了潮范十足的皇冠样式LOGO，并精心制作了菁英荟的对外宣传视频。

通过策划、筹备到平台活动组织的深度参与，孔苗表示，"以前对妇联的印象还停留在传统的政府部门形象，现在有了菁英荟平台后，感觉心理距离一下拉近了，也让我们这些创业在普陀的姐妹们又有了一个娘家，情感上和工作上、生活上全方位对接上了"。除此之外，"菁英荟是汇聚女性英才的一个非官方平台，参与其中后就很喜欢这个平台，感觉这个平台更贴合我们这些女性的心声和喜好，各类活动不仅助推我们工作发展，还有优雅生活，更市场化，也更接地气。"希望在菁英荟的平台上，女企业家们携手发展，不畏风雨乘风破浪。

以服务为根本，用真诚直击客户内心

一路走来初心未曾改变，用服务和真诚直击客户内心；以对自我的坚持和良好的应变能力一次次带领企业化险为夷，大家都愿亲切地唤她一声"彩虹姐姐"。正如她在创业者眼中是一抹灿烂和希望。她就是多礼米创业孵化器（以下简称"多礼米"）创始人、董事长——赵彩虹。

不忘初心，脚踏实地

一开始是抱着填补市场需求与空缺的想法而决定踏入创业孵化器这一行业的赵彩虹，随着这七八年来和"多礼米"的共同成长和进步，对这个行业也产生了浓厚的热爱之情，或是说她更加体会到了这个行业的意义。无论是刚入门的初创者还是已略有小成的创业者都十分需要像"多礼米"这样一个能够支持他们，让企业坚实地一步一步走下去的地方。

在之前的创业经历中，赵彩虹感受到了普陀区行政体系对于创业者的人文关怀和政策扶持，因此在创立"多礼米"时，她还是决定落地在普陀区。

当初创立多礼米的初心是为了降低创业者初创时期的风险和成本，随着企业规模逐渐扩大和发展日益良好，自始至终未曾发生变化的就是全心全意为客户服务的这样一个宗旨理念。遇到任何问题都要冷静地对待，有意地去放慢企业发展的脚步，保持一个"慢跑"的步伐节奏。只有这样才能在企业遇到问题时形成一套自己的解决方法及自我修复的功能。

时刻为客户着想，做创业者最坚实的后盾

彩虹姐姐在创业之前也有过较长的职场经历，自己作为雇员的角色参与企业经营，在优秀的企业学习工作。因此接受了很多日企的企业文化和工作经验，从而奠定了"多礼米"的运营理念：无论做任何事都要考虑客户需要的是什么，再根据客户的需要去定位企业应该做什么。客户的信任是多礼米创业孵化器这些年业务能够良好发展的主要原因。同时，客户的信任也是推动着她和多礼米创业孵化器一同前进的动力。

创业者其实是非常孤独的，很多在创业过程中所遇到的问题既不能和员工去讲，可能也无法跟朋友或家人倾诉。而这个时候"多礼米"就是创业者最坚实的后盾，在他们最需要依靠和依赖的时候，成为能够在关键

时刻支撑他们的这样一个定位和角色,及时为园区内的企业提供帮助和支持,为他们解决一些急需的资源和服务问题,让客户在园区或是在这个空间里有一种安全感和归属感。

集中力量办好自己的事

习近平总书记在一次企业家座谈会上谈道,企业要集中力量办好自己的事。"多礼米"这几年的发展恰是体现了这一点。从 2015 年到现在,孵化器行业历经多次震荡和"洗牌",但"多礼米"受到的外界冲击和影响却是少之又少,正是因其坚守自有的企业文化和运营模式,集中自身力量全力为创业企业服务。

自开创起,"多礼米"就一直在走内部自我成长、自我修炼的发展道路,秉持一种稳步发展的运营模式,只有扎实了企业的内在才能不容易被外界的冲击所影响。

"多礼米"现阶段的一个运营模式可能从表面看与其他创业孵化器并

无二致,支撑"多礼米"发展的主要还是其独有的功能特色,把园区内应该具备的功能都一一落到实处,孵化服务的每个环节都有对应的人员负责和接应。彩虹姐姐一直主张的是,让每一个到"多礼米"的企业都有一个独立档案,而每一个独立档案就代表着背后有一个独立的服务团队去关注其每一个发展阶段所遇到的问题,并为企业定制一套专属的服务。

她也希望"多礼米创业孵化器"这个品牌未来可以具有更高的影响力,为社会做出更多的贡献。所以"多礼米"未来可能更加注重和政府间的一些合作,希望可以将这种园区的运营模式和项目辐射到长三角地区,并且在这个过程中寻求更多志同道合的伙伴去做进一步的稳步扩展。

扬企业家精神,智化疫情危机

大疫当前,百业艰难。"多礼米"亦如是。

面临着新项目被迫终止和保证园区安全运营的两座"大山",赵彩虹足有一个多月时间都是日夜苦思。2020年开园的新项目情形已经不容乐观到该做坚持还是止损的决定的程度了,且周围的亲朋好友也都纷纷劝说干脆止损算了。经过那一个月的思索后,她还是选择了继续坚持,毅然决然地带领企业迎难而上!既然外部环境人为无法改变,那就从企业自身出发,她不断尝试着对产品进行调整,终于化险为夷,并在这过程中发现了新机遇,凤凰涅槃,浴火重生。对此,她表示特别欣慰,很庆幸当时的自己能够排除万难地坚持了下来,可见面对风险时候的应变能力是非常重要的。所以在遇到问题的时候不是第一时间向外界去讨结果,而是要在深思熟虑之后向自己的内心去要决定。

为最大限度地支持园区内企业的复工复产,"多礼米"积极协助企业解决各类问题,如办公空间更换、员工的劳务纠纷等。

彩虹姐姐还有另一个总部设立在深圳的咨询团队,作为当年经历过

2003年SARS的企业之一,对于如何在疫情下保证园区企业安全地复工复产,赵彩虹有着充分的经验。在2020年1月新冠疫情相关新闻刚出来的时候,"多礼米"就开始安排在园区给各企业发放口罩,以及大量采购口罩和消毒液等用品。在大众还没意识到情况紧急的时候,她就凭着良好的前瞻性思维使"多礼米"避免了之后出现的物资稀缺情况。

另外,相比其他同行,"多礼米"做得比较特殊的一点是,除了公共场合之外,"多礼米"的员工每天都深入园区内各企业的办公室里去进行消毒工作。从内部保障整个园区的安全运营。因为若是园区内任何一个企业或个人出现问题,整幢大楼乃至全园区都会被封掉,而这个风险是难以承受的。要推动园区企业的复工复产,第一就是要保证办公环境的安全。

对于武汉来的员工和创业者,她领导"多礼米"积极落实他们的住所和安排隔离观察。在保护和安抚湖北籍员工和创业者心灵的同时也帮助他们解决在复工复产上遇到的困难。

互补互助，女性菁英共同发展

作为从一名女性创业者一路走向成功女企业家的彩虹姐姐一直致力于鼓励和帮助女性创业，"多礼米"会为入驻的女性创业团体提供更多的福利和政策上的支持，比如在房租或是服务方面，会更关注她们的一些需求。

在提到女性创业在市场竞争中的共性和差异性时，她也认同女性相较于男性在创业时会碰到更多的难题。主要是以下两方面导致女性创业更加不易和艰难：一是女性在创业时可能存在着一些不可为的地方，所以在市场的开拓方面，女性的抓手会相对少于男性；二是女性可能受到更多来自家庭的牵绊，各种各样的家庭氛围也会对不同的女性创业者造成很多的心理压力。扮演着多重角色的女性要同时兼顾家庭和创业是非常不容易的。但她认为女性创业者同时也有着天然的优势，那就是女性的感性和同理心。很多行业，特别是像包括教育、培训等的服务业，在把握好度的情况下，能够为客户提供有温度和会让客户感动的服务。因此在做企业定位的时候，要去思考如何最大程度发挥女性创业者的优势。

在谈及2020年5月由普陀区妇联和投促办共同成立的"菁英荟"普陀女性英才工作委员会时，她表示："其实'菁英荟'的作用不仅仅是为女企业家提供了一个资源互补和优势互补的平台，更多的是让大家可以携手把能量辐射出去，辐射到整个普陀乃至于上海市的女性创业者身上。"

最后，作为一名成功女企业家的彩虹姐姐也结合自身的创业经历为广大创业女性提出了一些宝贵的心得和建议：

1. 创业之前要认真思考。在创业之前一定要经过深思熟虑，不要轻易下决心，一定要想清楚是否真的要创业，而一旦下定决心后就一定要坚持下去。

2. 创业过程中学会借力打力。其实上海市对创业的扶持体系是非常完善的,从创业之前到开始创业,再到创业中途都会配套很多的政策。比如说创业孵化示范基地、女性创业基地,包括像"多礼米"这种科技企业孵化器等,不同的平台都有不同的政策。各位女性创业者一定要关注这一点,充分利用本地的相关政策来使自己的初创成本和风险降到最低。

一路果敢,一路强大,成就
"汽车后市场创业梦"

逆向思维,挖掘需求

2011年,随着汽车产业的发展,汽车后市场也开始萌芽,大大小小的洗车店如雨后春笋般林立于大街小巷。2015年,中国汽车保有量已成为世界第一拥有大国,但后市场发展的速度远远赶不上前市场,还找不到一家可以占领大众第一印象的品牌。当时,从小就有"汽车梦"的陈海芳并没有随波逐流,而是运用逆向思维,从汽车行业的蓬勃发展中洞察汽车后市场的机遇。通过全面考察与分析了国内外汽车服务形势之后,在陈海芳与合伙人的共同努力下,于2016年正式创办了上海谷柏特汽车科技有限公司,专注于汽车后市场的科技环保、创新实用型产品及技术的研发、生产及应用。

除了做基础的汽车美容产品外,谷柏特也开始从事设备研发并构建自有知识产权体系。截至2018年12月,谷柏特已成功申报国家专利超80项,其中50多项专利已获授权;成功申报国家软件著作权20余项,其中12项已获授权。除了拥有自己的研发团队外,谷柏特也十分重视与科研院所的合作,积极开展校企联合工作,纳入高校全面的科技教育理念,有效地突破了设备研发时遇到的一些瓶颈。2018年,为了解决产品质量不可自控的问题,谷柏特在安徽新建了工厂,并迁入研发团队,从源头上牢抓产品质量和产量规模,形成了企业重要的护城河。目前,其产品不仅在国内备受欢迎、好评不断,在海外市场,如德国和迪拜都获得了不俗的成绩。

与此同时,随着市场需求和科学技术的不断变化,在陈海芳的带领下,公司在2018年8月新成立了爱易优(上海)信息科技有限公司,打造了一款专门为中国汽车服务市场量身打造的智能平台:约汇洗车。通过约汇洗车互联网平台,把其设备以共享经济的形式将价值3万元的洗车设备免费分享出去,形成整条生态闭环营销,塑造了全新的互联网汽车后市场服务品牌。2019年6月初,爱易优正式启动了全国招商,大范围铺点和扩张。在互联网技术的支撑和共享模式的助推下,爱易优快速获得市场终端的入口,并能做到实时掌握每一台设备的最新动态。

承担责任，方得持久

洗一台私家车的耗水量约为 80 升，目前我国约有 3.5 亿辆私家车，一星期洗一次，所耗费的水量也是一个非常庞大的数字。经常外出旅游的陈海芳看到一些污水横流、水资源匮乏的地方会心生感慨：水资源非常珍贵，企业应有所作为。与此同时，国家也在积极号召社会各界人士要环保创新和节省资源。作为富有社会责任感的女性创业者，陈海芳也不断思考在自身产业中如何通过创新进行节能减排保护环境，通过投入大量成本坚持研发出了"洗一辆车仅需一升水"的环保洗车设备。设备采用的纳米清洁系统具备极高的科技含量，通过系统等离子变频加热模块，可直接清洁发动机舱和空调蒸发箱。通过创新大大节省了水资源，不仅获得市场广泛认同，也得到了政府部门的高度认可，获得了 2018 年上海市文化创意产业基金的支持。

在企业未来的发展过程中，谷柏特会坚持践行企业社会责任，走可持续性企业发展道路。陈海芳认为，从短期效益来看，投入大量研发成本是"不划算"的，但从长远利益来看，只要符合社会发展，遵循国家指引，紧跟时代脚步，顺应市场逻辑，企业经营最终是会获得回报的。

创业维艰，勇往直前

在成长的过程中，陈海芳很感谢来自母亲的鼓励，母亲相信她一定可以实现创业梦想。在 23 岁时赚到了人生的第一桶金，这 100 万元也成了她后来创业的启动资金。陈海芳逐渐明白，必须要学会创新，只有拥抱创新，才会有定价权，只有牢牢握住定价权，才会形成竞争优势。作为企业，要通过打造核心技术形成盈利能力，这样才能不负家人、员工和自己的期待。同时，陈海芳对个人进行过综合评估，发现自身有创业优势，这更加坚定了她创业的信念。虽然创业过程中有很多艰辛,但当看到成果的那刻,她觉得一切都是值得的。

在企业成立之初,由于缺乏安全意识造成事故,两名员工的皮肤被大面积烧伤。当时,正在厦门团建的陈海芳听到此消息,便马不停蹄地往回赶。虽然有关员工的所有手续都很齐全和规范,但医疗费用很大一部分还是需要自己承担,由于企业刚成立,流动资金并不多,陈海芳只好四处借钱,东拼西凑了100多万元的治疗费。如今,两名员工已基本痊愈,其中一名员工仍然在谷柏特工作,仍像以前一样勤勤恳恳、恪尽职守。

事故发生后,业内一些同行借机抨击和讽刺,导致团队业绩大幅下降,基地事故就像一场"余震"不断的"地震",让谷柏特元气大伤。不过,她说:"还好,咬咬牙就挺过来了。"那种乐观积极的态度是饱经风霜后的淡然,是历经沧桑后的坦然,是笑对人生的顺其自然。

没有一家企业的发展是一帆风顺的,企业的发展过程就是问题不断、挑战不断的过程,创始人的勇往直前就是化解困难的最佳"良药"。陈海芳认为,一开始创业,只是考虑解决温饱小目标。随着创业能力的不断提升、自我认知的不断加强和企业的不断壮大,小目标也在不断"长大"!现在不只是为自己、为家人创业,更是在为团队、为车主、为社会创造价值而创业。在谷柏特未来的发展过程中肯定还会有很多问题,但最大的问题是人的问题。只要人心齐,就没有什么过不了的坎。未来企业也将专注于培养专业性人才,通过团队的赋能交付更好的服务和产品,赢得车主的信赖。陈海芳也坚信,品牌也是属于相信她并与公司合作的加盟店的,要把品牌做好,需要的是多方共同齐心发力,携手并进赢未来。

幸遇恩师,携手共创

陈海芳与如恩师般的合伙人结缘于上一个创业项目,那时候,陈海芳租了他的办公室,二人也因此有很多交流,在谈到汽车后市场这一创业方

案时，两人一拍即合，决定合伙创办新公司。合伙人年长陈海芳十多岁，拥有多年政府工作和创业经验，在企业经营发展过程中给了陈海芳很多指导和帮助。目前，两人分工协作，各自发挥特长。合伙人主要把握公司发展的战略方向，陈海芳主要负责营销及运营，是公司实实在在的"当家人"。谈及分工问题是否受到"男主外，女主内"的影响，陈海芳表示多少都会有一点。但是，她认为在现代社会，尤其在一二线城市，社会对女性已经足够包容，不论什么岗位，只要你能把它做好，不管是男是女，社会都可以接受。

幸福"小家"，成就"大家"

创业路上，陈海芳唯一的遗憾就是陪女儿的时间太少。女儿一出生，陈海芳就进入了工作状态,并将女儿送到了妈妈家,三岁时才接回上海。女儿今年已经8岁,正上一年级。随着企业稳步成长培养了能干的左膀右臂,陈海芳也有更多的时间来陪伴女儿。

因一直秉承着言传身教的教育理念,两年来,她一直坚持每天早上6点起床陪女儿读古文经典,从未间断。陈海芳曾问过女儿:"一个是可以每天在家陪你,但没有能力给你经济支持的妈妈;一个是现在的妈妈,虽然忙于自己的事业但是会引导你养成独立习惯给你更好榜样的妈妈,你会选择哪一个呢?"女儿毫不犹豫地回答:"现在的妈妈。"虽然女儿才8岁,但陈海芳经常和女儿交心,给女儿传递正能量,培养女儿独立自主的能力,今年期末考,女儿成绩优异,陈海芳觉得非常欣慰和感动。

谈及先生对自己创业的态度,陈海芳的脸庞不由自主地洋溢着幸福的笑容。她表示,丈夫很支持自己。有时候,陈海芳忙到晚上十一二点才回家,周末日程也基本都排满了,女儿大多时候只好交给先生来带,但先生从无半点怨言,而是用心照顾好女儿,打理好家庭事务,用行动来默默地支持陈海芳的事业。也许,就是这样一个温暖而又幸福的"小家"成就了陈海芳的事业,成就了企业的"大家"。

借力资本,精益发展

对于资本的理解,陈海芳表示,她看中的是资本背后的资源来帮助谷柏特在全国各地快速扩张。但最关键的是,如果谷柏特的商业模式都不成熟、不成功、不赚钱,即使有资本进入,那也是"坑"投资人。所以,陈海芳希望,等把产品做好,有了一定的品牌影响力以及相对成熟的团队之后,再去融资、融资源、融智慧,借助于平台来验证谷柏特的商业模式和未来的发展路径是否可行。当局者迷,旁观者清,通过外部眼光全方位审视谷柏特的发展,并指出其不当之处,会少走很多弯路。

未来,陈海芳计划根据不同项目板块的特点走不同的资本发展路径。

谷柏特由于涉及重资产,不太适合融资,但是爱易优会计划去和资本对接。因为爱易优属互联网平台,发展越快越好,所以上市也会优先考虑对需要快速布局的爱易优进行包装;但谷柏特不能太快,快了就会出问题。它需要一步一脚印,合作一家店就成功一家店最好。

魔都上海,宜创宜业

作为连续创业者,陈海芳曾经回乡创业了一段时间,但最后还是选择回到上海创业,她认为在上海创业有很多优势:

1. 不缺人才。其他城市会出现找不到人的情况,但上海不会。不论是高端人才还是低成本劳动力,上海都不缺。

2. 鼓励创业。上海非常支持中小型企业去创业。创新创业大赛的形式多种多样,企业年限大都控制在 5 年内,所以上海有更好的鼓励创业的环境。

3. 公平竞争。上海拼的不是关系,而是实力。只要你的项目和团队足够好,都能找到立足之地。虽然小企业不像华为和腾讯那么成功,但是同样可以带动就业。

4. 工作效率高。不论是从线上的平台还是线下的窗口整合,上海政府工作效率很快,而且还在不断提升对中小型企业发展的服务效率。

巾帼风采　时代造就

通过参与普陀区妇联举办的"孕育乐享丽人创业计划",陈海芳感言,大赛组织和培训辅导,不仅具有针对性,让女性少走一些弯路,而且可以帮助女性对接很多资源,规避法律、财务等方面的问题,给女性创业者提供了莫大的帮助。作为一名女性创业者,陈海芳更偏向于看到事物发展较为积极的一面。她认为,女性创业的优势有两点非常突出:

1. 容错率高。在创业的过程中,社会各界人士都觉得女性创业不易,会伸出援手倾囊相助,社会对女性创业的容错率也很高。

2. 柔韧性强。相较于男性创业,女性的力量虽然微弱,但柔韧性很强,忍耐度很高,遇到问题不容易气馁,会坚持。

身为中国人,她因中国从上至下有统一的思想和目标而感到自豪,一直在坚持学习毛泽东的思想和理念,并将此运用到了经营企业的不同阶段。目前,她也在做"一带一路"的项目,希望让外国友人享受到"中国制造"的先进,提高中国在国际社会的影响力。陈海芳也表示,在企业未来的发展过程中会一直响应国家的号召,做环保的项目,打造环保的社会,不断成长……

国际金融专业毕业,跨界为艺术家的她,大不同的创业成长之路

和 M50 创业园的相遇

2003 年底,在音乐行业不太景气之际,林小草与合伙人刘星凭借一颗

热爱音乐的心,创办了上海半度文化艺术有限公司。2005年,为了有一个展示的窗口,小草和刘星决定从各自的工作室走出来一起搬到M50创意园开启了音乐创业之路。作为普陀区女性创业基地之一的M50不仅为小草带来了精准的客流,拓宽了传播渠道,还为其引来了资金方。一些国外的收藏家、艺术家经常来M50看展,他们对艺术有较高的欣赏力,对中国音乐也有很多的关注,也正是在这期间,小草遇见了很多长期支持他们音乐事业的知音和伙伴。

"古歌"项目的孕育、诞生、发展

一开始,小草想做独立制作公司,创作现代中国音乐,收录保护传统民族音乐。在接触古曲的过程中,小草发现古曲的旋律很优美,尤其是在M50举办的一些近距离现场沙龙音乐会上,没有音质损失让民乐经典古曲听起来更为动人。音乐会的听众大多是来自时尚、文创、金融等圈子的小众人士,且受到空间的限制。小草心想,如何让这么动听的音乐被大众所了解呢?如果用"古曲新唱"这样的概念,填上什么词合适呢?古诗词和古曲是在一个时代和土壤中孕育出来的,他们同根同源,契合度是最高的。而且,虽然市场上做与古诗词相关的音乐创作人很多,但"古曲+古诗词"的形式市场上目前还没有,算是首创。因此,2009年,小草决定创编"琴歌、古歌、戏歌"的系列专辑,将古琴曲、汉民族弹拨乐器、器乐曲和一些少数民族音乐以及戏曲经典唱段都做成适合现代人唱的古歌。"古歌"正式诞生。

借势近几年的古诗词热,古歌项目的整体发展都算顺利。接下来就要做好传播工作,一种方式是将作品以专辑的形式保留下来,过去10年间,半度音乐共制作了两张古歌专辑——《琴歌》和《古歌》;另一种方式就是演出,2016年,小草创建了5人编制的"苶苢乐队",专注唱古歌,这也代表着"古歌"正式面向大众。在唱古歌的过程中,小草并不刻意创新,而是细心琢磨,再结合自身的嗓音个性,将每一个音符准确生动地表现出来,形成了独特的风格。同时,半度文化也获得了国家艺术基金、上海市文化发展基金重大文艺创作项目、上海文创资金的资助,做了多场较大规模的演出。

谈及"古歌"项目遇到的挑战和困难,除了团队精力不足外,小草还特意提到,其实半度文化是做内容的公司,但就在商业或市场角度的传播及运作而言,目前缺乏经验和专业人才,只能"摸着石头过河"。虽然小草也试图增加市场方面的专业人才,但发现"此路崎岖",因首先要对半度的内容充分了解及认可后才可能转化为市场语言,而通常市场能力很强的人,对文化艺术的理解并不会深入,二者难以真正融合。

"古歌"算是小众音乐,虽然具有可流传性、可传播性,但因为刚刚起步,考虑的还是先做好传播工作,增加影响力。虽然小草也联合虾米、QQ等专业音乐平台进行推广,平台所起的也仅是试听和宣传作用,很难获得付费收入。而且,即使平台会付费,可能大众也还没有建立起一种付费听音乐的概念,这对"古歌"项目的商业可持续性发展增添了一定难度。

但小草发现,学校和家长都非常支持青少年学习"古歌"。他们真正接触到的比较好的艺术资源很少,缺乏辨别力,也很迷茫,但又很想给孩子艺术教育,因为这些东西不给他们,他们的时间就到别的地方去了。孩子们可能对唱古曲没有什么概念,但是唱着唱着会越唱越有味道,兴趣也在平时的训练过程中逐渐累积起来,家长们也会觉得很欣慰,觉得孩子们在接触中国的传统文化。孩子们的表演也会再以新媒体的形式、现代的观念和理念呈现出来,让大众接受。所以,整个过程,家长、学校和孩子都会认可,也很有意义和信心。

在获得了家长认可的基础上,小草计划在线上做一些短视频的衔接,让消费端的大众客户能看见。其实"古歌"不只是走学校,还走社区、美术馆、博物馆、书店等,通过他们输出,在对接的精力上就会省去很多环节,也能到达更多人群。正因为从需求出发,小草找到了更为有效的运行方式。

关于半度文化的发展

半度刚成立时,唱片行业就一落千丈,很难将其商业化。前5年,团队也一直在想怎么筹集资金活下来,这时期半度招收的一部分是艺术人才,形式主要是合作制;另一部分是商业人才进行市场化运营。内容始终是半度音乐的核心竞争力,现在的人群越来越细分化,消费也越来越多元化,所以内容的生存空间更大了。半度成长到中期,主要集中做演出,团队成员也多是音乐背景出身。近5年,半度又开始涉足音乐教育领域,人才也多是一些演奏家等老师。

创立初期,半度收入来源一部分是自营咖啡音乐空间和企业礼品定制;一部分是政府扶持。从2015年、2016年半度开始做教育,带来了多元化的收入。因为教育产品直接面向大众,在此基础上再根据大众的需求扩大产品形式,如定制课程、艺术指导、国际交流活动、演出门票、赞助等,在此基础上,企业也将会尝试各种各样有趣味的跨界合作,如嘻哈、爵士、流行音乐。同时,小草表示,还要紧跟时代,借助一些新兴平台,才能更快地将内容转化为商业价值。

每个企业在发展的过程中都会不断地遇到问题和挑战。小草认为，如何更多更好地运用商业逻辑和思维是今后决定企业发展的关键。在跟市场的接触过程中，尤其近几年，因为要做分享会，小草也从幕后到了台前。她认为，分享会也是打磨逻辑思路的过程，分享给谁听，他们有什么样的背景，如何提炼出对他们有意义、有帮助的内容，并把自己想表达的内容进行结合匹配，经过这个过程之后，逻辑思维能力会变得越来越强。在这个过程中，半度的团队成员也一直在加强学习，提高自我。

随着企业不断发展，团队需要带有东方音乐背景的人才参与课程研发和古歌教学。因需要将纯艺术转变为大众可以接受的内容，这中间过程的转化需要复合型的人才，而具备企业发展需要核心能力的人才招募也是"古歌"项目加速发展所面临的挑战。

互联网带来的影响

在互联网技术高度普及的时代，小草也深刻认识到其对"古歌"传播的影响，其中也具有一定的不确定性。对于"古歌"项目来讲，虽然目前在互联网上已形成了较广泛的传播，受众圈层也有一定程度的突破，但要有质的飞跃，还需要借助于专业的人才、工具及方式进行持续运营。"古歌"对大众来讲还偏艺术性，未来要做的少儿古歌在保持经典的基础上更容易听懂，更易传学，也更有可能利用互联网来实现大面积传播。

通过多年在音乐产业的浸润，小草发现，当今大众对审美提升有较广泛的需求，特别是对社会具有引领作用的精英阶层，他们对高品质音乐的欣赏与认同将影响和提升大众的审美力，这样高品质的音乐也将能走得更远。所以在互联网的传播也是会专注在对精英人群的影响，达到更高的传播效力。

左手商业、右手艺术,跨界歌者与 CEO 的角色平衡之道

关于在商业和艺术之间的平衡之道,小草也有独到的思考。在团队的角色分工中,小草主要负责内容运营。通过优质音乐的内容创作,小草获得了很大的满足感,并且坚持以做优质内容为导向来经营企业。但除了内容之外,企业也需要日常的经营管理,因此作为 CEO,小草也不断在二者之间进行平衡,她深知平衡并非易事,但平衡却必须面对。她从小热爱音乐,是位优秀的歌者,在大学所学的专业却是国际金融,跨界的经历结合从小就擅于组织各种大小活动的经验,赋予了她在歌者与 CEO 不同角色之间得心应手的切换能力。

未来的世界充满多元性和复杂性,具有跨学科背景的小草认为,将来更需要跨学科的知识储备和能力去解决现实生活中的问题。跨学科的好处就是会让思维变得更加多维,所以很多民族乐团、音乐院校的演奏家都很愿意跟半度合作,觉得他们不仅专业,而且紧跟时代,思路清晰。同时要认识到,不同的学科需要具备不同的逻辑思维,比如:在企业运营的时候要更理性地去把控整体节奏;而艺术创作的时候就要完全打开思路,过程及结果也是无法预料的,在不同领域需要具有快速切换的能力,这也是跨界人才所需要具备的核心能力。

小草一般的创业精神

与小草接触,你会被她对音乐的热爱、对事业的坚持所深深感染。在她身上你会看到她作为女性创业者如小草一般坚忍不拔的精神。

针对妇联为创业女性提供的帮扶,小草认为对自己有很大的帮助,同时也提出了三点诉求:一是希望加强女性创业伙伴之间的一些交流,使创业姐妹们可以在一起互相陪伴成长;二是希望有更多关于创业各方面的指导,包括商业模式梳理、路演、财务法务方面的实际问题;三是希望能对接更多关于教育、文化艺术领域的投资者,希望妇联更有效地帮助女性创业者寻找合适的投资者。

对新时代的创业者面临的历史机遇,小草认为,在世界多元化、价值观多元化的时代,人们更容易理解、欣赏和包容不同的文化,这正是新时代为创业者所带来的新希望和新机遇。

从做生意到创事业，因爱重新定义声学材料的女创客

从跌跌撞撞进入创业行列的新手小白，到声学材料界的领头人，她经历了风风雨雨，却凭借着坚持与韧性愈挫愈勇，闯出了自己的一片天地。她就是上海彩滨实业发展有限公司总经理——高千钧。

脚踏实地,进阶发展

2014年,高千钧创立了上海彩滨实业发展有限公司。经过6年的风风雨雨,高千钧的公司已经在业内颇有名气。但是,谁又能想到如此成功的创业者当初创业的契机竟然是因为偶然呢?高千钧在创业之前有过较长一段时间的职场经历,在经历了多种职位之后,也许是遇到了职业上的天花板,进而产生了离职的想法。但在离职之后,高千钧却遇到了求职上的困难。在经历了两三个月空窗期之后,一个想法浮现在了高千钧的脑海之中,"为什么不自己开一家公司呢?"就这样,高千钧的创业之路就在她戏称为"被创业"的情况下开始了。

实际上,高千钧之前的职场经历也对创业有所助益。"先就业再创业,原来的工作经历对我创业是极大的帮助",高千钧如是说。因为在职场中摸爬滚打了多年,行政、人事、宣传这些岗位都经历过,这造就了高千钧"全才"的特点,由于在创业初期会遇到很多杂乱、细碎的事情,而她之前的职场经历所造就的"全才"经验此时就派上了用场。此外,职场经历使得她在遇到困难时更加沉稳,"有事情我办好事情,有问题解决问题",职场经验使人更有底气了。

坚韧不拔,永不言弃

韧性与坚持是高千钧创业过程中的关键词。作为白手起家的创业者,在创业过程中难免会遇到各种各样的问题,她同样也不例外。对于一个初创企业来说往往面临的最大问题就是资金了,这个月的订单做好了,可下面的订单又没有着落了。回顾以往的艰难时刻,她也同样感慨万千:"在困难的时候,实际上不会觉得自己困难,你忘了你很艰难,你做就对了,时间会证明一切,等过了这个坎,你可以坐下来感慨一下,当时我挺难过的,其实在那个当下你都没有时间伤感。"凭借着自身强大的韧性还是闯了过来。

当然,创业过程中不全是痛苦的,同样存在着高光时刻。对于高千钧来说,最令她感到兴奋的就是每一次展会,每一次产品问世,每次推出新东西的时候,她的客户跑到那边跟她说:"哇,这个东西你终于做出来了,这个东西我们正在等待啊。"能发现用户的需求点,然后把这个产品做出来,这是最让她感到高兴的时刻。此外,团队和家庭所给予她的精神支持也是支撑高千钧继续走下去的重要动力。那种被团队和家庭所需要、所依靠的感觉是一种强烈的驱动力,促使她继续在创业这条路上走下去。

不管是创业过程中遇到的艰难,还是高光时刻,无一不体现着高千钧坚韧不拔的个性,这也是驱动着她取得成功的原因。高千钧坦言,在创业中支撑她最坚定的信念就是"女性要独立靠自己",当自己断了一切后路,就只能依靠自己了。凭借着这种破釜沉舟的坚韧信念,高千钧披荆斩棘,闯出了属于自己的一片天。

明晰规划,稳扎稳打

由创业小白到优秀创业者,这样的转变,实际上和高千钧一步步稳扎稳打的策略、清晰明确的思路是分不开的。

早期在职场的经历中,她所从事的第一份工作就是和声学材料相关,对客户的积累和对声学材料的了解为她之后的创业打下了基础。

开始创业后,高千钧参加了很多展会,如国外的一些家具设计展、声学材料展等。然后,她就在想她能做什么,其实单从一个材料上来讲的话,发展空间不大,但是高千钧开始考虑培育自身企业的核心竞争力,所以她需要将这个材料做成一个产品,而这个产品是立足于声学概念。因此她想做的就是以声学材料为基础的声学产品,这个产品可以推广到各个领域,如办公室、家庭、宠物市场等。进而要进行一个深度的转化,也就需要成立一个设计团队,需要把这个产品进行消化设计,需要不停地去制作。所以她第一时间想到需要一个战略,需要一个打样的工作间,这样去先把它做起来。同时,由于声学材料本身是一个朝阳产业,因此高千钧对于知识产权的保护格外重视,而这也成了她独特的竞争力。"我不想以后手忙脚乱去补我这些缺,我情愿等我万事俱备的时候,只要一蹴而就就可以了。"就这样从创业开始步步为营,所有的规划都是环环相扣,通过清晰明确的计划,高千钧成功地在创业路上越走越远。

面对疫情,危中寻机

面对2020年年初突如其来的疫情,各行各业都受到了不同程度的影响,高千钧的企业也不例外。"其实坦白说每个人心里都挺慌的,真的不知道未来会发生什么事情。"但是在经历了最初的紧张慌乱之后,高千钧马上冷静下来,开始采取措施应对疫情所带来的冲击。首先,她先联系了供应商和相关客户，了解他们的反映；其次，高千钧和她的团队对业务进行了调整，开始尝试做一些防疫产品。之前由于对于企业的风险预估这一环节做得比较到位，实际上疫情所带来的冲击并不严重，截至 9 月，高千钧企业的营业额实际上和上年差不多。这得益于高千钧良好的企业短期规划和对机会迅速的把握。实际上她在前几年已经有电商准备，包括一些直播、小视频等各种尝试。同时，在线办公的这段时期，反而让高千钧有机会去考虑清楚发展的方向。因此，面对疫情，高千钧更多的是抓住了危机中的机会，顺利度过了风险期。

女性创业姐妹们，乘风破浪勇往直前

作为从一名女性创业者一路走向成功女企业家，高千钧对于女性创业有着自己独到的见解。谈及女性创业，她认为女性创业者最与众不同的就是要考虑到她的社会属性，对于家庭各种状况的处理。所以从这个

角度来讲,创业初期团队是很需要女性的,男性单方面可能很多时候表现为一个专业领域的专才,但是创业需要团队的全面配合,女性在这方面其实反而有一定优势,在初创期就能够应对纷繁复杂的关系和运营管理事项。

同时,高千钧还鼓励女性朋友积极走到社会上,坚持到岗位的最后一刻。女性经济独立会带来从容感和安全感,当面对职场发展和创业压力的时候,这种独立意识会支持你继续走下去。如果女性始终是围着孩子转,围着灶台转,围着老公转,那么会失去自己的意识,慢慢地就变得不自信。因此在能够有能力出来工作的时候她建议女性要勇敢走入社会,去寻找和实现自己的社会价值。

对于参加普陀区"孕育乐享丽人创业计划"女性创业大赛,高千钧也给予了非常积极的回应,感谢妇联搭建的平台,女性需要组织的支持,而且女性组织和男性组织很不一样,在切实帮助女性发展之外也注入了精神力量,这对于创业女性尤为重要。大赛及相关活动正好把这一批都在创业阶段的女性聚到了一起,她们在一起会更有共鸣,她们互相交流的想法或者意见更值得借鉴。高千钧希望更多创业姐妹都积极参与女性创业平台,共同交流和成长,携手乘风破浪勇往直前。

女性永久美丽的秘密：独立、坚强与自信

周舟，普陀区菁英荟成员，上海黛安生物科技有限公司董事长。创办AE化妆品品牌，引进以色列无痛无创护肤科技，为女性的美丽事业提供服务。初见周舟，她的面部并没有过多修饰，但当谈起创业，谈到品牌，谈及产品，那份对事业的笃定，使得她容光焕发。

女为悦己而容

AE品牌基于周舟女士对中国女性美容消费市场的洞察，联手以色列前总理办公室技术外交顾问艾瑞瓦龙博士，和多位以色列医疗器械领域的资深科学家，引进以色列世界领先的创新护肤技术，同时将以色列女性独立、勇敢、强大的内在传递给品牌用户。以色列女性是全球唯一需要义务服兵役的群体，塑造了以色列女性Powerful的形象，女性不再是弱小的、需要他人保护的形象，自我的强大才能带来他人由衷的尊重和赞赏。"女性护肤的内在需求从'悦他'转变为'悦己'，这是一个根本性的转变。"

据报道，中国的女性劳动参与率达到70%，这些年龄介于25—55岁之间的女性，不仅在职场披荆斩棘，还要承担家庭责任。忙碌的工作和生

活之外，当代中国女性更多开始关注自我关爱。不同于传统的中国古代思想"女为悦己者容"，当代女性因为较高的社会参与率，获得独立自主的经济实力，女性不再依附于家庭而生存，不论是在职场还是家庭，都能够独当一面，展现自身的价值和实力。女性在精神和物质两方面实现双重独立，产品设计充分体现对现代职业女性的关怀，也是AE所倡导的品牌价值观。

"美是内在自我肯定的感受，它是由内而外散发的，与年龄无关。"周舟对美的阐释包含着多年的阅历和为人母的体悟。作为女儿的榜样，事业上的成功带给周舟内心丰盈的体验。

大数据算法下的科技护肤

不同于传统创伤型的医美，AE公司主张无创无痛、安全有效地解决皮肤问题，避免女性因变美需求而带来身体的不适感和痛苦体验。她开始专注将以色列的科技结合中国女性皮肤特质，为当代中国女性带来更优质、更安全的科技产品。现代医学美容光电设备技术发源于以色列，拥有着全球公认的领先技术和创新科技。AE并不简单把国外技术照搬过来,而是基于三年来所积累的中国女性皮肤数据,通过进一步研发产品,积累了一系列重要技术的知识产权注册。

周舟公司亮相多届进口博览会,与国际一线品牌同台竞争,并曾在第三届进口博览会上成为上海交易团的销量冠军。市场的认可为品牌树立了更大的信心,同时周舟更加坚定了无痛无创护肤技术在国内推广的道路,给予了AE这个中以合作项目更加清晰的科技研发方向指引。

同时她也感慨于祖国的日趋强盛,在疫情持续蔓延的情况下,中国坚持举办如此盛大的国际性展览会,国际友商感受到了中国坚定的开放态度和合作意愿。在和进博会的相互链接和相互赋能中,她深深感受到,国际友人们看到了一个拥有14亿人口、4亿中等收入群体的超大市场,正在张开双臂,欢迎世界各国的投资商公平、友好地开展贸易活动。

疫情倒逼销售渠道拓展

疫情前,周舟的产品通过美容院、皮肤管理等渠道进行销售。在疫情期间,大量美容院业绩下滑,甚至倒闭,造成公司整体业绩不佳。在市场急速变化之际,周舟及时调整产品和销售渠道,推出线上产品,组建线上销售团队,结合短视频等新媒体特点对产品宣传进行改革,在短时间内将产品卖点和特性快速传递给用户。增加线上销售渠道后,业绩渐渐得到回升,品牌也有了更大的知名度,获得了全网数百位美妆达人的推荐。这是因为疫情而得到的新机遇,疫情在带来困难的同时,也为周舟的化妆品品牌孕育了新的生命力。

正是因为疫情,加速了在线经济技术的普及和拓展,也加速了产品研发和快速迭代,使得大家在不同场景下可以不受地域限制地去获得更多产品信息,这是一场完全颠覆行业生态的改革。居家护肤"携带式美容

院"能够让消费者在不同场景实现"抗衰自由",足不出户享受"一键变美",这些护肤新概念跨越了距离的界限传递给了更多的用户。基于客户需求基础上设计的产品深受客户的青睐,客户能够迅速、直观地了解到产品使用后的变化,"看得见的服务"为企业打开了更广阔的营销渠道。

女性价值多元化

"三孩"政策下,女性在职场也面临新的问题。周舟认为:"社会需要对于女性发展有多元化的视角,女性作为母亲养育下一代,不仅是对自己家庭的贡献,也是对人类发展的贡献,我希望这样的贡献能被社会所认同。不论是女性自身还是社会舆论,都需要重视养育下一代而付出的劳动和精力。长远来看,对女性的尊重,以及对女性履行母亲职责的肯定和支持,是社会可持续发展的关键。"

为下一代创造更加美好的生活,是很多企业家创业的初心,这样的行

动也进一步促进了经济的发展。"我身边的企业家们都有坚韧、勇敢的特质,面对困难而不服输,想尽办法满足客户需求,跟上市场节奏。这些创业所需的特质在抚育幼儿时能得到很好的锻炼。"

比起额外关照,女性更需要的是无差别的对待。周舟强调"女性可以自由选择是否生育,以及生育后可以有平等的机会获取资源,是我们最关注的社会议题。希望未来女性发展的需求能被进一步关注和重视,也希望女性能够以资历和能力来被评判,而不会因性别影响职场发展。这样女性即使在家里做妈妈,也可以有安全感、获得感和成就感。"在抛开了性别的标签后,被平等、无差别对待的女性能更好地展现自己的强大与美丽。

菁英荟的力量

普陀区菁英荟聚集了一批年轻、有活力的女企业家,在与区妇联和各位女企业家的交流过程中,周舟感受到了被关怀和温暖,菁英荟举办的法律、投融资类企业交流活动让她获益良多。她非常感谢中以创新园对她企业的大力支持,也感谢园区能让她遇见菁英荟这么美好的一个女性企业家交流平台。2021年,周舟带领企业参加"数智上海,蝶变普陀"上海数字创新大会,在大会上进行创新产品展示,今后将更好地融入"智联普陀"建设。

作为参与国际贸易的女企业家,面对国际经济形势的不确定性,周舟在规划企业业务发展时仍坚定不移地坚持国际合作,全球化势不可当,企业将持续在进博会亮相,不断推出新产品满足海内外客户需要。"立足上海,服务全球",她希望更多的女企业家能够在国际舞台绽放光彩。

育源职业技能培训学校：营造女性职业技能培训的沃土

育儿，向来是令父母头疼的难题；事业，又是人们在社会立足的安家之本。该如何平衡家庭与事业？有这样一所学校，致力于帮助学员同时提升家庭教育知识和职业技能，面向全国为社会培养新时代的技能复合型人才。"育专业人才，源人生梦想"——它就是汪韵锦创办的育源职业技能培训学校。

当一个母亲选择创业

为什么选择创业？像大多数80后女性一样，汪韵锦在拥有自己的孩子之后，大量吸收学习育儿知识。有感于现实中很多家长还带着过时观念来照顾宝宝，汪韵锦决定离开工作了10年的地产行业，从儿童健康知识普及项目开始进行自主创业。

在与孩子父母的交流中，她发现有些父母缺乏基础的儿童健康管理知识，有些孩子的小问题没有被及时发现而发展成为较大的健康问题，所以，汪韵锦带着她的团队设计出"家门口的健康小屋"，将幼儿保健真正带入社区，解决最后一公里的卡点，打破了空间阻隔，真正让健康走入家庭，让父母成为孩子最好的医生。为了推广正确的家庭观念，她也多次在社区举办公益性质的讲座，科普正确教育理念。

随着不断摸索与实践，汪韵锦意识到，科学教育应该提升育儿行业服务理念和水准，注重针对父母培训。为了让更多孩子的成长受益，2017年，经上海人力资源社会保障局和民政局批准，汪韵锦开办育源职业技能培训学校，面向全国招生，以母婴健康为前提，为前来学习的个人提供专业知识，如母婴保健培训等。另一方面帮助她们拓宽自己的事业选择，例如能优化家庭生活环境的空间收纳培训等，而不单单只与母婴相关。通过这些多方位的培训，汪韵锦致力于将学校打造成培养新时代复合型人才的一体化引领机构。与此同时学校还寻求到政府的支持与合作，开设政府补贴项目课程，持有中医保教护理员和空间收纳师培训版权，具有颁发上海市多个行业协会认定证书的资格，为学员提供就业"敲门砖"。

开设至今，育源职业技能培训学校已累计培训各类学员上万人，鉴定合格率达到95%以上。学校挂牌成为普陀区女性创业示范点、浦东新区保健护理产业职工实训中心、中医药协会中医养生保健分会会员单位。辛勤培育下硕果累累,学校获匠心浦东职业技能比武竞赛组织奖;项目《家门口健康小屋——让健康零距离》获2020年浦东新区俪人创客女性创业大赛奖项;"空间收纳师"受训学员在2021上海市新职业技能技术大赛(整理收纳项目)分别获第二和第八名,并代表上海出征全国性比赛。

创业者的姿态：不断充实,保持乐观

汪韵锦在参加创业大赛的过程中结识了上海海蕴女性创业就业指导服务中心,并在商业模式方面得到了海蕴专家的辅导,更因此结识了海蕴旗下的"紫玉兰"项目。所以在2022年"紫玉兰"发布招生时,汪韵锦第一时间报了名,和创业的姐妹们一起在云会议里度过了上海的居家时光。

在"紫玉兰"和创业姐妹们两个多月的相处,她们不断互相激发彼此的灵感,不断充实自己。汪韵锦坦言,"紫玉兰"让她更加自信了。不仅是因为在这个女性汇聚的空间里,她更能敞开心扉,谈论自己的事业和个人发展,得到共情和理解;更是因为系统性的学习让她更加明晰自己未来的发展规划。"在自我人格认知课程上,老师将自我分为生理自我、心理自我和社会自我,教授了九型人格划分标准、还讲了'神经可塑性'的理论。根据这些理论,我开始重新认识自我、理解自我,由此看清了我创业的优势所在。"

令汪韵锦收获更大的是品牌市场营销课程。课上,老师提到了打造自我营销的必要性,恰好当时有位经纪人找到汪韵锦,希望她能加入"108位传承人"短视频项目。汪韵锦说,本来她是对镜头有些顾虑的,想要推辞。但想起课上所学,还是决定一试,最后效果也非常好。

多年的房地产销售经验,让汪韵锦深谙企业品牌营销的重要性,她也意识到,随着时代变化,自己对于品牌化的理解需要不断更新。经过"紫玉兰"系统的学习,她重新理解了企业品牌营销的要诀——市场营销要明晰自己的品牌定位,做到以消费者为中心;还要学会推广,让产品推介语言和产品包装等符合目标用户心理;更要学会讲品牌故事、打造品牌文化。汪韵锦表示要慢慢消化后付诸实践。针对品牌营销,汪韵锦决心将所学化为所向,顺应网络时代发展,尝试朝着数字化转型,大力发展线上经济。她开始谋求形式上的创新,要求团队学做视频剪辑,将剪辑内容投放到小红书、微博等社交媒体平台,打造线上运营的渠道。如此一来,在孩子没办法线下上课时,线上的科普与推广也能够作为了解正确知识的渠道。

同时,她进一步扩大育源职业技能培训学校教学范围,突破了传统培训学校课程体系的局限。如今,学校不仅有中医保健、母婴护理课程,还开设有西点 DIY、养老护理员等符合社会新需求的培训课,更是拿到了新兴职业——空间收纳师的培训版权。学校教授的也不仅仅是职业技能,还能够为有志创业的学员提供大咖 IP 打造、创业扶持等品牌营销服务。汪韵锦将在"紫玉兰"收获的知识分享给自己学校的学员,让她们也能紧跟时代更迭的步伐。希望后续她的职业培训学校能做得更大,辐射面更广。她说,"如果我们从这一代人开始改变,我们下一代就会接受到更好的家庭教育理念"。

玉兰绽放:她责任的力量

"紫色代表的是高贵与典雅,而白玉兰正是上海的市花。我想'紫玉兰'就是成就这些美好又有能力的女孩子更上一层楼,绽放出更美的光彩。"

如今的汪韵锦,在"赋能女性就业、创业"的赛道上奔跑。积极承担更多的社会责任,去支持学员宝妈们创业,鼓励她们加入社区健康小屋的建设,让更多妈妈们汇聚在这里,交流经验,增加收入。作为一位女性与一名母亲,汪韵锦认为母婴行业与别的赛道不同,这不应该是一个资本导向、热钱流动的领域。相反,应该带着对母亲的人文关怀和对孩子的科学态度,提供安全健康的产品和服务。面对市面上母婴产品良莠不齐的现状,汪韵锦成立了民间的"魔都母婴联盟"——把"安全,安全,安全"作为不仅是她自己,也是对行业和整个社会的一种承诺。

生活在上海,汪韵锦与这座城市呼吸与共。她在访谈中提到,感谢这座城市为她提供了包容开放的环境和优质的资源。魔都上海,海派与传统兼容并蓄,在海纳百川的同时绽放出自己独特的美丽,这是上海的都市魅力。而对于每一个在上海打拼的女性,汪韵锦也希望她们能够"不负历史,不负这个时代,乘风破浪做自己"。

益路同行公益促进中心：让"角度"之花开满"天使"之路

"我们帮他们实现多元化就业，希望他们也能体验在 office 的工作环境，而不是单一去从事手工生产。"在这座车水马龙的城市里，生活着数十

万残障人士。他们有的被困在小小的轮椅中,有的被缚在无声的世界里,也有的被锁在无边的黑暗中。多年来,周蓉和她的团队致力于帮助残障人士实现多元化就业。用社会企业的方式,点亮了无数残障人士的就业之梦,唤醒了无数健全人士心中的公益之火,也实现了自己的创业梦想。

从媒体公关向公益创业者的转变

2008年,一个注定不平凡的年份,在无数普通人的人生中划下醒目的标记。那一年,周蓉26岁,刚从复旦大学新闻系毕业不久,以一名媒体公关的身份接触各类大型活动。彼时上海正在筹备2010年的世博会,开展"公益志愿者倒计时600天"的公益行动。周蓉负责这个活动的策划和执行,在此过程中招募对接了大量的志愿者。

在此之前,周蓉对公益的认知并不深,这次与众志愿者接触的经历,把周蓉带到了公益的门前。同年,汶川发生8.0级大地震,周蓉发起"汶川震后灾区儿童手拉手夏令营",让上海与四川受灾最严重的地区之一都江堰结为点对点帮扶,把灾区的孩子接到上海,进行心理重建和创伤疗愈。丰富的媒体工作经验让她顺利地联系到了赞助商,项目成功举办。

周蓉坦言,自己起初最看重的是这个项目所具有的新闻价值。项目结束时,周蓉发觉自己和孩子们一样,产生了一种离别时分的感伤情绪。那个瞬间,周蓉被公益行动所具有的力量震撼了,她很快意识到,这是一个可以有所作为的领域,于是说干就干,周蓉便在这个领域创办了自己的企业。

无巧不成书,一次偶然的招聘尝试,为周蓉的团队带来了一名听障人士。这名员工虽然失去了听力,却能很好地胜任工作,甚至在某些工作环境中有着比健全员工更好的专注力。周蓉遂试着招募了更多的残障员工进行就业培训,乃至后来在上海市残联的支持下,公司成为残疾人士实训基地，专注残健融合行业发展。先后培养并输送了近两百名残障人士就业者进入企业顺利就业，其中有近一半走上了听障文创设计师的工作岗位，累计服务数千家品牌和企业，包括500强和诸多奢侈品大牌，在帮助残障人士就业这条路上，益路同行从未停下脚步。其中最具关怀的"独翼天使"项目更是对之前实训基地功能做了进一步优化，建立起了更完善的产业链，尤其加重了"回访"这个环节，投入更多的人力和资源，以实现对学员的长期关注。

"给他们足够的空间和时间，他们会给你一些很惊喜的结果。"这份惊喜，也同样包裹在那些精美的文创产品中，带给购买这些产品的每一位客户。2017年，周蓉的文创团队和大IP故宫文创达成合作。在项目推荐和比稿的过程中，周蓉从未把"残障人士"四个字当成一张感情牌。她会在前期隐瞒这一点，凭借产品的核心实力获得认可，而在事后轻描淡写地告知对方，收获意料之中的震惊——大多数人从未料到，残障人士，竟然也可以将产品做得这样好。

变化的公益角度,不渝的媒体初心

对于很多人来说,"公益"可能就是慈善,或者捐款。在真切地进入这一行之后,周蓉意识到,很多人没有参与到公益之中来,并非没有助人的意愿,而是因为没有找到一个合适的切入角度。作为一名受过专业训练的前媒体人,寻找角度,是周蓉的长项。

团队曾和法国巴黎银行达成合作,当银行得知那些精美的便签本是由听障设计师设计、肢体残障者制作生产、智力残障人士最终包装,感到一种意外之喜。周蓉把这种情况称为"买一送一":对方原本只是购买了产品的文创价值,而自己的团队又在其上叠加了一层公益价值。企业将这样的产品送给客户,也彰显了企业的社会责任。

既然企业的社会责任感可以被唤醒,普通个体又为什么不能?上海这片沃土滋养了周蓉的创业,一定还蕴藏着更多的公益潜质,周蓉觉得,很多人离公益,只是缺少一次"公益唤醒"。2020年年初,新冠疫情席卷全国。周蓉一方面组织志愿者去口罩厂帮忙,一面响应李克强总理的"地摊经济"号召,带着志愿者走进了上海雨后春笋般的夜市。这一次,她们售卖的不是产品,而是体验。

许多人在那之前从不知道,日常生活中简单的行走转弯,对残障人士来说意味着什么。失去视线后,人往往只摸索上两三米,就觉得已经走了很远;坐在旧式轮椅上,用手指推动车轮拐过一个弯,就已经周身疲惫。当人们开始对公益项目产生兴趣,周蓉又抓准他们的需求点,推出了"快闪"的形式。

"很多人想要做一点什么,又有自己的工作,不能成为我们这样完全的'公益人',但他们会愿意接受一个短期的培训,参加我们的'快闪'。积极性很高,也很吸引社会的眼光。"第一次快闪就很成功,参与者有二百多人,少长咸集。周蓉先后又举办了多次快闪,内容丰富多变,渐渐地将快闪和练摊做成了团队的保留节目,一张亮丽的名片。

与紫玉兰的不期而遇

然而,天有不测风云。2022年3月,上海遭遇奥密克戎,陷入长达三个月的全城防控,周蓉和团队只好居家办公。第一个月,周蓉还兴致勃勃地参与小区里的志愿服务,第二个月,一些担忧已经开始滋生,第三个月时,焦虑已然不可遏制,公司已经停摆那么久,再这样下去,怎么是好?就在这个当口上,她遇见了"紫玉兰"。

"为什么叫这个名字?我真的去查过,然后我发现,紫玉兰原来就是木兰,就是'花木兰'的'木兰'。"

周蓉说,她觉得这个名字很好,很能代表女性创业的特色,大家就像花木兰一样披挂上阵,英姿飒爽地飞度关山。疫情防控,对所有创业者来说都是前所未有的挑战,和"紫玉兰"系列课程的相遇,如同一根救命稻草,将她顺利地带出了焦虑的旋涡。运用所学的积极心理学,周蓉重新行动起来,她通过参与社区公益,有意识地在防控生活中寻找意义感,提升自己生活中的积极体验和主观幸福感;课程中提到的成长性思维模式,让她意识到自己的创业之路上最重要的,不是智力和运气,而是在一次次挑战面前坚持不懈、失败之后强势反击的毅力。

"在这里还遇到了'老熟人'徐本亮老师,他的德鲁克课程是我常听常新的。"周蓉说。课程就像一面镜子,她觉得更大的变化在于她自身,多年的创业历练不仅累积了经验,也锻炼了远见。在自我人格认知课程上,老师将自我分为生理自我、心理自我和社会自我,漫长的居家隔离,反而为这些年的心得提供了沉淀的时机,周蓉跟随课上九型人格划分的标准,开始像钻研项目那样,更深入地理解自己,并根据"神经可塑性"理论开辟了新思路,重新考虑起项目的未来。她意识到,不管是就业促进平台还是文创产业,都必须实现数字化转型。

疫情防控时期的资源短缺,更让周蓉深刻地意识到,数字化转型迫在眉睫:跨地区的合作、资源调配,项目效率和影响力的提高,这些事情一环扣一环。在这段静默的玉兰花期里,她开始着手筹备下一个项目——一个结合新闻媒体、面向更广泛人群的互联网信息平台。它需要有温度的、能感知到那些需要帮助的角落;也需要迅速分析变化、给出最优决策。她在设想中给这个平台起名为"角度",英语单词是"Angle",和之前"独翼天使"的"Angel"有着微妙的联系。

"我曾经是一个媒体人,多少还是有媒体情结。宣传公益也是一种公益,我希望能以这样的形式,让公益走到更多人面前。"

回望自己的来路,周蓉发现,好像故事中总是存在很多巧妙的闭环。当年的苦学所得、初心所在,终于和她手中蓬盛发展的事业骨血相融,当她回归到媒体人所熟悉的"角度"二字,周蓉发现,这广阔的天地间,还有那么多可以有所作为的事情,因为角度转换带来的换位思考,几乎能在任何一组关系中发挥作用:残障者和健全者,成人和儿童,人类和自然环境……这其中,还有着无限的公益空间。

"所有女性创业者们,一起加油吧。"

周蓉觉得自己身为一名女性创业者,一直都很幸运。团队里有志同道合的女伴,又有"紫玉兰"这样专门针对女性的创业培训,在这里,她又遇到那么多积极学习的姐妹,以充沛的热情相互感染。周蓉从未把性别作为自我发展的阻碍。而在未来,她渴望看见更多女性能像她一样,自信地走上一条问心无愧的创业之路。

成长以痛吻我,而我报之以爱

近年来很多国家都开播青少年题材的性教育剧,使得孩子们在观剧过程中学习性知识。陈静和她的团队用 7 年时间克服阻力,重塑大众对性教育的想象,推进性教育在中国的普及。

> 央视新闻
> 4-27 17:52 来自 微博视频号　3.4万阅读
>
> 【#上海妇联给幼儿园家长开性教育课#】近日，上海市妇联为幼儿园小朋友的家长开展公益性教育讲座。讲座上，性教育专家陈静向家长们传授帮孩子建立隐私感的方法，科普儿童防性侵观念。她说："儿童5岁起就需获得适合的性教育。越早给孩子提供正确的性教育，越能提供更多保护。"网友：很有必要！👍 🎬021视频的微博视频　@021视频

育见爱

陈静又上微博热搜了。

话题#幼儿园有必要给家长上性教育课吗#里热度最高的视频，是上海市妇联通过在幼儿园展开面向家长的公益讲座的形式普及性教育。视频中正在讲课的，正是陈静。当时她为幼儿园小朋友的家长讲授"0—6岁性教育第一课：我从哪里来"，举着自己团队定制的玩偶，向家长们展现生育过程，并帮助家长解答孩子都有的困惑：我从哪里来。

在视频下方的评论区，前几个评论都是对陈静讲课的赞许。网友们觉得从幼儿园开始的性教育课程应该全国推广，并且支持对孩子早日开

展性教育和生理教育。还有网友愤愤地留言:"都2021年了还问有没有必要给家长上性教育课?当然有必要了!"

网友们近乎"一边倒"的评论让陈静又惊又喜,作为在中国性教育领域耕耘了7年的一线人,她见证了7年来人们对性教育的观念变迁,欣喜地看到自己和团队7年努力得到了回响。"终于,等到了性教育的春天",她说。

陈静,华东师范大学教育系硕士,国家生殖健康咨询师,联合国人口基金会与生殖健康项目专家顾问,也是"育见爱"性教育机构的创始人。2015至2021年,陈静和她的团队始终致力于性教育相关的健康教育讲座与孩子课程,希望通过团队的努力来帮助中国父母、中国孩子树立健康科学的性价值观。

经过7年的磨砺坚持和成长,在讲授性教育孩子课程方面,家长讲座累计达到1 000+场,累计培训性教育讲师200余人以后,陈静对性教育有了更为深刻的理解:性教育是作为整个教育的重要环节,对孩子价值观、人生观的树立起到根本作用。

有培育,才有爱。

陈静给自己的团队起名为"育见爱"。性教育可以帮助孩子们了解自我,热爱生命,拥抱爱。随着科普性教育的呼声越来越高,陈静更加坚定自己当初毅然决然选择性教育这条路是对的,她也坚信中国的性教育会做得越来越好。

另一个苏明玉

论及当初为何选择性教育作为自己的创业方向时,陈静沉默了一瞬才开口:"因为我出生在一个严重重男轻女的家庭。"陈静是家里第二个孩子,也是唯一的女孩。但也恰恰因为她是女孩,出生以后,愤怒的父亲都不愿意去医院看她和母亲。她从小在自卑的阴影下长大,真正的自我就像是被规训、被囚禁的套中人,沐浴不到阳光和雨露的恩泽。在电视剧《都挺好》热播时,她的很多朋友们都给她安利这部剧,她看了以后,发现自己的遭遇和苏明玉的经历如出一辙。

当年幼的她也如同其他孩子一样,询问父母自己是从哪里来的时候,父母告诉她,她是从垃圾堆里捡来的,并且还不时恐吓她要把她扔回垃圾堆去。小小的她内心深处产生了非常大的恐惧和不安全感。从垃圾堆捡来的?也就是意味着自己和垃圾一样是没有价值的东西。做错事情就会被扔回垃圾堆?也就意味着自己不可以做错事情,不可以惹爸爸妈妈生气。小陈静在童年时期总会做相同的噩梦,梦到自己表现不好,惹得父母生气,于是被扔回了垃圾堆,周围满是苍蝇和蚊子。

而正值青春期的陈静,性别认同开始觉醒,想要穿花裙子,想要留漂亮的长发。然而,当她剪了时下流行的波波头回家以后,却得到了母亲严厉的训斥,让她再去剪一次,要求是"越短越好,最好像男孩子那样的短发"。陈静第一次感受到,原来在这个家里,只有做一个男孩才能被接纳、被喜爱,身为女孩简直是原罪。

要真正解决自己的困境,必须直面问题,陈静做出了决定,确定将儿童性教育作为自己研究生以及未来职业生涯的方向,去华东师范大学攻读教育硕士。在研究生期间,陈静不断学习、不断探索,逐渐建立起对性教育知识的全面理解。性教育,并不是大众认知里的生理卫生课或是性别教育,它更加庞杂而全面,包含性的生理卫生、性安全、爱情观、性别观等方面。研究生期间让陈静收获了大量的理论知识,最终她明白,好的性教育想要培养出的是健全人格的人。

正当她顺利毕业,踌躇满志地打算在性教育领域有一番作为时,却发现市面上居然找不到一个专业对口的岗位。陈静快速从找不到工作的现状中冷静了下来,没有岗位,同时意味着巨大的机会和巨大的空缺,中国的性教育已经落后于世界太多了,是时候做出改变了。就这样,陈静创立了自己的性教育机构,决心要走出一条没有人走过的路。

重塑作为教育的性教育

创业是一条充满艰难险阻和未知风险的路,对于陈静来说,这条路走得尤为辛苦。

首先是传统观念的掣肘。世代相传的文化观念在当下的社会依然发生着作用,我们这个时代依然如同惊弓之鸟,谈"性"色变。其次是"性"这个字眼自带话题度,在这个流量为王的互联网时代,哗众取宠、夺人眼球的行径每天都在上演。网友们见得多了,识得广了,便更加对引流行为厌恶。而性教育自带话题度和关注度的属性,容易招致恶言恶语,多少也让陈静和她的团队苦恼。

对于大多数创业团队来说,靠着两条腿走路:产品研发和市场运营。

课程就是陈静的产品,而她花了足足5年来打磨锤炼优化自己的课程,最终才建立起独属于自己的性教育课程体系:由幼童、青少年、家长和讲师四个主体组成,从四个层面、四种角度去拓展深化的课程体系。

陈静最初是在社区开展免费的性教育讲座来锤炼自己的课程,通过听讲者的反馈与表情来寻找合适的分寸与界限。后来她的课程慢慢走进学校,走到不同年级的学生与不同背景的老师中间。她就这样一点点积累,一点点在实践中去测试适合中国的性教育推广方式。

陈静说,她的团队不看虚假的标准,她们用以下三方面来评判课程的好坏:安全度,关注度,以及离场时的细节。

安全度,是性教育的第一个部分,也是陈静对自己团队性教育讲师的首要要求。一个安全的课堂,应该是孩子愿意在课堂上提出自己的疑惑,并且老师也能够接纳孩子提出的所有问题。在性教育的课堂上,这一点尤为重要。陈静课程的解决措施是,注意把握课程的度。如果和学校或家长沟通提出内容不合适,陈静就会点到为止,如果孩子们接受知识没有那么快,那么就慢下来一点点教授。

关注度,是性教育的第二个部分。陈静提到,0—6岁的孩子其实对世界是没有价值评判的,他们是纯然地对事物知识层面的东西感兴趣。那么在这个阶段去给他们教授性知识,需要考虑的不是遮遮掩掩,而是如何增强课堂知识的趣味性,去唤起孩子们对身体、对性别的求知欲。这样,他们在未来青春期面对身体变化,或是应对某些危险情况时,才能有坦然而健康的态度。

离场时的细节,则是陈静身为一名多年坚守在一线讲课的讲师最独特的经验。多年来,让陈静从工作中源源不断获取到力量和成就感的,正是家长与孩子们在离场时依依不舍的神情。

在提到7年坚持性教育事业最大的收获时,陈静不禁流下了泪水。7年前那些最早接受陈静课程的孩子们,如今已经迈入青春期了,和他们谈论性知识时,孩子们的脸上没有闪躲或羞耻的神情,反而很坦然,甚至会在上课前拍拍陈静的肩膀说,"hey!陈老师,今天我们性教育又讲什么呢?"他们的坦然与包容,让陈静看到了7年坚守背后更大的风景以及未来的希望。孩子们的改变让她相信,如果真的还能再做20年,中国的性教育以及中国人的性价值观一定会得到改变。她的初心就是希望有更多中国人能接受到科学完整的性教育,成长出健全包容的人格。这一点,就足以让她动容。

性教育,关涉到性,根本落点却在于教育。陈静和她的团队并非哗众取宠借着性的议题夺人眼球;相反,她们的根与源在于教授与育人,在于培养孩子们的健全人格,塑造一代人的价值观与世界观。

育见爱,有培育,才会有爱滋养成长起来。陈静心底里希望的,是不要再有任何一个孩子被父母玩笑话般"从垃圾堆捡来"的话语伤害到,不要再有家长粗暴地回避孩子好奇的提问。现在,陈静不会再放大自己原生家庭的遭遇,不会再去仇恨父亲,她反而很感激这样的经历,敦促她去思考、去判断,最终能够得以系统地接触科学的知识,树立自我,找到人生的方向。

(陈静曾获上海市大学生科技创业基金会"天使基金"资助)

从零起步，面对疫情打开文旅新方向

一方水土养育一方人，独特的教育模式仿佛铭刻在基因中一般，引导着她走上了自己的创业之路。为实现自己从小的创业梦想，她从温州来到上海，从开始的懵懂与试错，一直到现在成为一名创业女性。她就是上海魔席文化传播有限公司联合创始人——叶逸含。

疫情后重启,从危中发现新机遇

2020年,文旅行业因疫情而受到巨大冲击,大量企业的业绩断崖式下跌,企业倒闭潮一波未平一波又起,整个行业处在一场彻底的洗牌之中。但同时,这一场疫情也成了文旅行业的试金石,绝境之下,一些文旅企业开始谋求突破、转型升级。

魔席就是在这样的背景下诞生的,它孵化自成熟的文旅大平台,集聚了行业内万家头部企业和行业资源,成了疫情下文旅行业企业之间"对话"的平台和窗口。魔席针对疫情下民众渴望旅游的普遍需求和文旅行业企业的自救需求,快速在市场中找到新的机会,即以"文化+旅游+媒体"的产业融合为方向,以"文旅主题直播"为重要手段,从专业视角和能力解决两大痛点,通过拓宽文旅的行业边界找到了破局点,带领团队在新的支路赛道上奋力发展。

通过近几年直播行业的蓬勃发展,文旅行业直播领域逐渐演化出文旅体验直播、文旅产品带货直播、文旅峰会知识直播三种主流类型和趋势。传统的文旅体验直播,主要内容为主播的个人文旅体验感受,包括酒店入住感受、景区游玩攻略等,聚焦在好看、好玩、好听、好看的感官分享。魔席则是依托行业运营商库,从文旅产品(比如酒店、景区、度假村等)的创始人理念、产品线逻辑、未来发展规划等专业视角切入,既可以让客户读懂产品背后的故事,了解旅游目的地的文化底蕴;同时又不流于形式主义和学究习气,充满了生动有趣的互动体验,致力于开辟一条文旅行业的"知识网红"道路。

也正是这种创新精神加上企业一直以来秉承的"让专业更有趣"的理念,让魔席在短短的时间内就在文旅直播领域打造出全新的"品类"并获得了市场认可,也支撑企业在疫情下逆势增长。

所谓的光辉岁月，并不是后来闪耀的日子，而是无人问津时，你对梦想的偏执

创业是一个不断"升级打怪"，遇到困难、克服困难并蜕变成长的过程。3年间，魔席从最初的"知识网红"直播MCN，发展到"3＋1＋N"的业务产品结构，建立起涵盖"线上课程、直播带货"三大直播服务，"魔席网"一大信息集成平台，"文章敲敲乐、文旅政确、文旅词涟"等多个文旅工具的业务体系，探索知识付费的多种方式。

在分享了探索道路上的多次重大转型和突破后，"办法总比困难多。"叶逸含轻描淡写地总结这个过程，可以想象背后是团队多少个日日夜夜的焦虑和踌躇、努力和奋斗。"我觉得这个是目前让我印象较为深刻的一段经历了。每一个人的创业过程当中总会经历各种之前从未遇到过的困难，但是只要一旦跨过了你认为当下最困难的这道坎，无论是团队还是个人都会经历一个飞跃式的成长。"

自我锤炼，突出优势

最初是在大学期间参加的各种大学生创业大赛的影响下，叶逸含正式决定踏上创业这座孤独且前路未知的独木桥。在参加大赛的过程中，创业导师通过引导启发学生，帮助学生们不断完善和落地创业想法。起初，叶逸含只是抱着一颗想要尝试的心，开始接触和了解大学生创业，并在之后通过各种大赛作为契机，逐渐清晰人生目标和自身优势，从而坚定了内心并选择在创业这条道路上坚定前行。

叶逸含以她身边的女性举例来说，女性的工作韧劲很强，在直面困难时展现出来的坚强勇敢能量巨大。可以说，"坚强"和"温柔"是赋予女性创业者的双重禀赋。随着社会分工的愈加公平，将会看到越来越多的女性创业者活跃在市场的舞台上,勇敢地站在聚光灯下,发挥着不可替代的作用,承担起更多的责任和时代使命。

在谈及性别对创业就业的影响时,叶逸含认为两性在能力上没有差异,女性不同的是要面对生育的社会职责。她表示,一方面,社会要对女性承担母职责任而造成的职业中断(受阻)给予积极的支持;另一方面,从女性本身角度而言,也应该正确认知这一人生阶段。这只是女性职业生涯中临时的暂停,但不应该是终止。这一段时间无论是去充电、拓展适合的爱好,还是完成案头工作,都不会让自己的工作能力在这段时间有所下降。只有这样才能在重新投入工作后让自身能力晋升到一个新的上升空间。

女性创业离不开政府和社会大众支持

叶逸含参加了 2020 年由普陀区妇联主办的"孕育乐享丽人创业计划"女性创业大赛,她觉得此类大赛可以更好地扶持女性和助力于女性群体的发声。因为现在身边的男企业家很多,所以对于女性在这个领域能有这样一个单独的绿色通道来提供帮助,她觉得是十分难能可贵的。而且每一次参加大赛都是对自己现阶段的一个反思和梳理,尤其做 BP(商业计划书)其实就是一个提升自我的过程。

"在大赛筹备过程当中,会更全面地去考虑和反思商业模式、盈利模式、企业风险控制等。这能给我一个契机和动力从原来事务性的工作日常中暂时性跳脱出来,从更高层面审视和观察现在所做的事情,去思考一些更偏向顶层架构的事情。我觉得这个可能是大赛对我来说帮助很大的一个方面。"

谈到在普陀区创业的经历,让她印象最为深刻的一件事就是,之前在普陀注册公司时整个流程非常精简和便捷,一个早上两小时就全部搞定了。同时公司注册的园区一直会与企业保持频繁的联系,也会提供大大小小各种讲座培训,包括对于在细节上的咨询也会给到比较专业的解答。

坚持吧,加油!

叶逸含以一个萌新的姿态在步入社会就选择了创业这条路,虽然缺少阅历、资源和资金,乃至于整个思想高度都是不及前辈的,但是她唯一享有的优势就是时间,一方面,拥有着更多的试错时间,可以去尝试、去创新;另一方面,魔席的商业模式是"与时间做朋友",随着时间推移,项目积累的资源和数据本身就是一笔宝贵的财富。

叶逸含想与所有走在创业道路上的同龄人分享一个心得,大学生创业,时间就是最大的资本。抱着一个不怕试错的心态,即使在业务发展或是经营管理当中遇到一些小小的问题或者挫折,也能够从容地去面对。她想对创业姐妹们说一句:选择了创业那就坚持吧,加油!

(叶逸含曾获上海市大学生科技创业基金会"天使基金"资助)

复兴民族文化的巾帼力量

中华民族文化博大精深,享誉世界。中国的 56 个民族,每个民族都有自己的文化瑰宝,都是中华民族文化不可缺少的一部分。高慧,一位离开职场、在高校进修对外汉语专业的女性,勇敢地以创业者的身份重新出发,通过 6 年辛勤耕耘,倾尽全力,用汗水和泪水浇灌出民族文化的复兴之花。

高校象牙塔里发出的民族文化之光

2016年底,高慧与上海的几位老师一同去往云南怒江做公益田野调研,对傈僳族、怒族以及独龙族的文化发展状况进行了考察。这也是她第一次深入村寨,跟村民们生活在一起,第一次看到很多以前从来没见过的少数民族文化。在这个过程中她发现,一些少数民族在文化以及技艺的传承方面面临着一些严重的问题:"一些民族的传统习俗与技艺,没有被系统地记录,使得它们的存在不为人所知;还有一些文化已经失传,我们在现实中已无法寻觅。"高慧不无遗憾地说。

究其原因,主要是地缘性的阻碍和农村空心化的加剧造成的文化传播困难。现在这个时代,信息爆炸,物质丰沛,酒香也怕巷子深。但一些少数民族的偏远村寨交通不便,文化很难传出去。留在村寨里的大多是老弱,年轻人不愿意传承祖辈的手艺,都出去打工了。而老手艺人只知道埋头苦干,从没想过创新,更不懂怎么把这些手工艺品卖出去。

看到眼前的情景,高慧很难过。"民族文化,这么好的东西应该传播出去!"回到上海后,高慧决定帮少数民族同胞一把,用自己的力量,加上高校的资源,一起挽救这些濒临灭绝的民族文化。

当时孔子学院汉办在华东师范大学建立了一个国际汉语教师研修基地,里面开设了中国文化课程。高慧作为对外汉语专业学生,自告奋勇,提出想做民族文化的公益讲堂,让外国留学生更了解中国民族文化。这个意义重大的项目受到了学校的大力支持,于是高慧就在这三尺讲台上播下了自己的创业种子。她一边走访村寨,搜集民族文化素材,一边整理输出,研发课程,逐渐形成了自己的一套完整的知识体系,形成一个半小时讲10个民族的大众通识传播模式。学校深刻理解这个项目的社会意义,又很认可高慧的课程内容,于是给了她更多讲课机会。

后来考虑到上海对各种文化海纳百川的需求,高慧又在少数民族文化传播中加入了一些民间文化,如捏面人、画糖人、皮影戏等。因为兼容并蓄又独特有趣,所以很受国际国内学生的欢迎,也给课程的更新迭代增加了很多新鲜素材。高慧还拓展了业务范围,增加了社会实践,让老师走出去讲课,让学生深入村寨交流,根据学校需求量身订制路线和服务。在高校做出影响力以后,其他社会活动方也纷纷找高慧合作,请高慧承担民族文化的宣传,把少数民族的茶文化、特色美食、手工技艺、扎染蜡染刺绣等带到更多人的面前。

就这样,高慧的民族文化传播事业,从高校发源,像个光芒四射的小太阳,从象牙塔里发出照耀全国,乃至全世界的光芒。

覆盖国内国际、打通线上线下的民族文化立体传播网

高慧的影响力越来越大,在华东师范大学进修期间,她创立了自己的第一家企业——"茗校圈圈",用中国文化链接中外高校,把中国文化带到全世界。高慧对茗校圈圈的定位高远:作为中华民族文化内容的输出交

流中心,用民族文化"走进高校"和学生"走进村寨"相结合的方式,打造独有的民俗文化自有IP,为高校团体搭建文化体验基地,将中华民族文化连接中外高校,把我国鲜为人知的文化和艺术通过高校途径传播到世界各地,以创新的民族文化垂直整合理念,打造茗校圈圈独有的文化交流圈、文化传播圈、文化集散圈的完整区块概念,从根本上改变中国民族文化的传播方式及发展方向。

正当高慧想大展宏图时,2018年,茗校圈圈的发展遇到资金困难,高慧的事业一度陷入瓶颈。还好柳暗花明,高慧事业的初心打动了资助人,资助人出手相助,不仅帮高慧渡过了难关,还出资帮她建立了民非组织——恩三民族文化传播中心。从申请到成立,历经一年多,实属不易。为了感谢资助人,高慧特地以资助人爷爷的名字"恩三"作为自己公益机构的名字。

就这样,恩三民族文化传播中心和茗校圈圈成了高慧的左膀右臂,它们的定位、客户形成互补,也让高慧能更好地兼顾公益和商业。茗校圈圈的定位是国际化,客户以外国留学生为主。恩三民族文化传播中心的定位是本土化,客户是政府,服务社会大众。高慧在2017年11月获得上海女性创业大赛十佳项目奖,受到国务院副总理刘延东接见。2019年9月,高慧又在首届上海社会组织公益创业大赛中荣获"公益团队类"铜奖。

可2020年一场疫情,给高慧的事业又带来巨大挑战,她的线下活动全都被迫取消了。以前让她引以为豪的学校资源,在疫情面前也无能为力。为了维持机构的正常运作,更为了传播民族文化的初心不中断,高慧积极寻找应对策略,进行业务和管理的全方位数字化转型,从零开始,摸着石头过河,没想到却孵化出意外的惊喜。

在业务数字化转型方面,高慧和她的团队集中有限资源,充分利用互联网"即时传播、覆盖面广"等特点,经过精心策划,在多个专业在线直播互动平台上推出了"一周一村"项目。每周在线邀请来自不同民族的老师,以直播等形式为大家即时分享丰富多彩的民族文化,让都市人足不出户就能感受到民族文化和民族工艺的魅力,让少数民族村民不用走出大山就可以通过互联网传播他们赖以生存的文化艺术。傈僳族的火草布,哈尼族的手工红糖,水族的马尾绣,满族的满绣香囊,独龙族的手工织布……"一周一村"已服务了云贵川20多个村寨、30多个民族。它就像个穿越时空的桥梁,打破了地缘限制,也不断激发出更多中华儿女的民族自豪感。

就这样,高慧带领团队将传播民族文化的业务积极进行数字化转型,在创新中迭代,在实践中升级,让传播的内容更丰富,更接地气,填补了行业空白。

民族的就是世界的,传承造就未来

民族的就是世界的。说到未来的发展,高慧眼里放光,她想打造中华民族文化的独特名片。她说:"我希望以后外国人来中国,不是去报个普通的旅行团走马观花,而是立即想到我们的民族村寨,深入探访,领略中华民族文化的独特魅力。"

她正在物色一些做人低调、实力强劲、资源丰富,并且愿意和她一起传播民族文化的人。她希望自己有更多时间和精力专注产出优质内容,把自己的优势发挥到淋漓尽致,积聚更多力量把中华民族文化发扬光大。

世界的未来属于孩子,民族文化传播也要从娃娃抓起。高慧希望与国际中小学合作,搞民族社团,扶持这些学校里对民族文化感兴趣的中小学生,成为民族社团的社长,用他们的力量去带动更多中小学生和他们的家长、老师了解民族文化,传播民族文化。当这些学生未来去国外留学时,这些中华民族的优秀文化一定会给他们带来更多文化自信,他们更可以作为中华民族文化的代言人,把星星之火燎原到世界各地,让更多人了解和热爱中华民族文化。

作为两个孩子的创业妈妈,高慧自己也对孩子身体力行,传承理念。

她将继续带着孩子走访村寨,了解民族文化,让他们从小看到更丰富的世界,对各种文化兼容并蓄,又有自己的独特个性,像妈妈一样,如果认定一件事,就咬紧牙坚持下去。

高慧相信,有了千千万万的传播者、传承者,民族文化的发展未来可期,定会发扬光大。

(高慧曾获上海市大学生科技创业基金会"天使基金"资助)

共创社群,孕育新业态

普陀区孕育乐享丽人创业计划(六)参与者王燕艳是英语教师教研平台——"脑洞英语课堂"的创始人,也是华东师范大学教育硕士。她曾参与海蕴组织的多场私董会,场场发言经典、思维缜密、逻辑严谨。脑洞教育在遇到疫情、"双减"政策等不利影响时,她总能化挑战为机遇,带领团队实现组织的一次次变革和业绩的腾飞。这一切离不开她和团队发现问题、分析问题、解决问题的思维模式和能力。

内生需求产生的商业价值

王燕艳曾经站在三尺讲台,将各种创新教学方式融入英语教学,为自己的学生带来有趣又有料的英文课程。因为爱分享,她的课程设计在新媒体平台吸引到众多同行关注,大家学习她的授课方式,在各自的课堂上收获了很好的反馈。随后,课程研讨社群逐渐形成,大家在这个社群里分享彼此的课程设计,相互学习、共同成长。她的创业道路自此开启,成立英语教师教研平台,建立教学研讨共创社群,分享课程设计案例。用户既是案例的使用者,也是内容创造者、分享者和受益者。

她说,创业这条路是"被用户推着走的"。她这样形容自己的创业道路:这是一个自下而上,用户群体自生长出的需求,众多的一线授课教师需要不断地进行课程革新,作为同行,这些教师可以彼此赋能、相互影响、实现自我成长。

创业是一个孕育生命的过程,组织的自我革新会更有生命力。目前她的公司团队已经形成了以为产品服务为中心、不同职能相互配合的商业布局。内容研创中心、新媒体中心、人力资源中心等各司其职,既有独立运营能力,也保持着组织的统一性。

理性的思考和感性的管理

王燕艳从一位授课教师到创业者的转变,离不开她清晰的思路、冷静的分析以及自我反思的能力。创业初期不可避免地遇到很多坑,当遇到问题,她能找到问题发生的根源,分析问题的本质,寻找到合适的解决方法,将事情处理到想要的结果。这样的思维模式为她在创业初期积累了很宝贵的经验。

创业之初,她采取的是线下工作坊等教学案例分享的模式,执行过程中王燕艳遭遇到了成本压力大、活动参与者覆盖面小、效果有限等问题。在执行一段时间后,经过冷静的思考,她决定将系统化的学习搬到线上,利用互联网的优势,进行优秀教研案例的广泛推广。教师群体有较强的自学能力和足够的自控力,能很好地消化吸收线上课程、完成作业要求,实现成果转化。互联网也为优秀教案的传播提供了便利的条件。再从线上教师学员中挑选优秀学员赠与奖学金,鼓励其报名线下工作坊,形成线上结合线下的"OMO翻转课堂"成人学习模式。这种模式不仅将教学效果提升数倍,受益人数增加数十倍,还因此在疫情突然来临之时不仅抗住了压力,还因为提前布局线上,而得到第一次腾飞。

互联网时代的创业需要有产品思维,倾听用户的声音,根据用户反馈,形成满足用户需求的产品,才能形成商业价值。"脑洞英语课堂"团队全职员工仅有不到10位,日常运营群组管理、渠道管理、客户服务均由兼职团队线上完成。去中心化的管理模式突破了地域局限,线上的产品平台让业务得以迅速扩张。通过公域平台引流,将用户沉淀到私域,与用户建立更深层次的链接,准确把握用户需求。

2019年冬天疫情到来,更多的教师开始在线上寻找课程资源,这为脑洞英语课堂的平台发展提供了助力。疫情常态化期间,脑洞英语课堂项目获得了更多关注和认可,核心团队成员将产品体系搭建得更加丰满,用户也通过兼职的形式参与到创业过程中,王燕艳的创业项目和团队逐渐完善。

除了模式和产品的调整,创业过程中,脑洞团队也经历过一些动荡。从教师到创业者身份的转变不是一蹴而就,有很多障碍需要克服。曾经处理事情较为感性,很难控制情绪影响的王燕艳在团队沟通中遇到了不少困难,但如今可以更加平和地处理团队问题。"我曾经是很感性的人,创业之后,坚持用理性的思维思考,将思想集中于解决问题,而不是在担忧上。"

王燕艳认为,女性创业更加注重形象和产品设计的艺术感,在人文领域有很大的优势。"享受每天的不确定性。"这是王燕艳的创业心得。面对创业的不确定,她没有恐惧,而是有足够的自信战胜未来的挑战。这样的自信来源于创业过程中的自我成长。"解决问题的方式不是非黑即白,柔性地处理往往带来意想不到的效果,这也是女性创业者的优势。"

互联网时代的价值重构

得益于线上功能的完备,脑洞团队的运营管控、团队管理、产品推广等各项职能均在线上完成。岗位工作流程全部标准化,通过互联网储存SOP,将岗位经验沉淀下来,便于经验复制给团队。团队使用OKR管理工具,将工作任务分解,团队员工可以直观地了解到自己完成工作量与薪酬之间的关系,绩效激励效果明显。得益于团队的知识和经验共享,这样的组织形态和运作方式也为女员工因生育离岗需要替岗或顺利返岗创造了有利的条件。

互联网时代产品迭代周期是组织自我更新的重要体现。脑洞团队非常重视用户的体验和反馈,作为脑洞用户的同行,团队成员能够准确理解和把握用户深层次需求,在足够了解的基础上更新产品功能,满足客户需求。

受"双减"政策影响,大量英语培训机构倒闭,导致营业额增长停滞。意识到这一点后,王燕艳重新思考用户画像,调整用户结构,开通教辅资料优选专栏,欲将用户从原来的教师群体扩大到宝妈群体,该新业务线已经快速跑通了 MVP 模式,为总体营业额的继续增长回升带来了强有力的促进。

温暖的创业路

2021 年,在参加普陀区孕育乐享创业大赛后,王燕艳受到了评委的肯定,也更加坚定了自己的创业道路。她深刻体会到孕育乐享是一个有组织性、系统性的创业大赛服务项目,在参与过程中受到了来自妇联、园区领导的关心,内心感到十分温暖。她说:在这里会有一种回家的感觉。

谈到创业的意义,王燕艳并没有把企业上市、资本青睐等作为公司发展目标,她认为创业给自己和团队带来幸福是最重要的。女性创业者是"温良"的,面对创业路上的众多诱惑,需要从朴素的价值理念,用最基本的良知判断,倾听自己内心的第一个声音,这个声音最真实而且最有力量。创业需要从心出发,做对的事情、好的事情,未来将是一片光明。

(王燕艳曾获上海市大学生科技创业基金会"天使基金"资助)

"遇农"和大学生一起,做有故事的农产品

普陀区孕育乐享丽人创业计划(六)参与者——姜晓玉是"遇农"项目创始人,也是华东师范大学中文系毕业生。2017年,姜晓玉开始在大学校

园内推广家乡土蜂蜜,同时利用新媒体营销的方式带动更多大学生参与到"为家乡代言"的项目中。项目起始至今,"遇农"团队先后参与了家乡多种农产品的品牌推广,并与当地中蜂合作社打造了"陇间蜜酿"品牌,利用文创包装的方式实现了土蜂蜜的利润翻倍。

在寻找初心中发现商机

姜晓玉出生于陕西的乡村,她向往大山之外的城市,在村里同龄人都陆续辍学的情况下,仍然坚持到距家上百公里的县城求学。所幸,她如愿以偿,来到了和童年生长环境完全不同的南方城市。在艰辛求学的路上,她最放不下的是曾经哺育她长大的家乡。

在毕业前夕,姜晓玉面临重大的人生选择,是不忘初心回到家乡成为一名人民教师,还是继续留在上海打拼,以完成自己的自媒体创业梦。为了寻找答案,她选择暂停事业,回到家乡整理思路。

在三个月的乡村生活中,她重新体会田园生活,并发挥所长,用自己所擅长的文字记录乡村风貌。姜晓玉的乡村生活手记意外引发了众多人的关注,在这个不断记录的过程中,她也寻找到了自己的目标,那就是发挥自媒体营销的优势,为家乡的农产品做品牌宣传,将这片田园的美好时光和绿色优质有机农产品传播的更广更远。"我们不想让更多人对农业生活的了解,只能通过有限的想象和文学的再现,我们想要成为城市与农业生活的链接者。"

链接高校与农村,助力乡村振兴

创业初期,姜晓玉利用在大学时期组建的新媒体工作室团队,为家乡的农产品重新定位、设计包装、拍摄产品图和原产地宣传片,并带着焕然一新的蜂蜜回到校园,让更多人了解这款来自家乡的产品。为了使项目更好地延续,姜晓玉想让更多有志于乡村建设的大学生参与其中,她开始在自己的母校中挖掘人才。随着项目的逐渐推进,姜晓玉的遇农团队也逐渐发展完善了起来。"当时有一个姑娘,在她大二的时候就加入了团队,一直做到现在,现在已经成为我们新的校园合伙人。在她的带领下,我们的校园团队越发成熟,成为项目后续发展的坚实力量。"姜晓玉的项目也带动了学校志愿者的招募,通过志愿活动的方式,让大学生参与到对乡村特产的文案写作、平面设计、线上线下推广宣传带货等实践中,在培养大学生专业技能的同时,加强了大学生对于乡村公益的认知。"每当我问起志愿者们,为什么会参加"遇农"项目。他们都会和我探讨对于乡村公益的畅想和情怀,无一例外,她们不为名不为利,只为和我们一起加入乡村建设队伍中来。这出乎我的意料,也让我十分感动。"随着校内外越来越多不同身份的志愿者加入团队,姜晓玉在感慨的同时,也深切感受到了肩上的重担:"遇农"将不再只是自己的一个小情怀,更是承载大家梦想的一个平台。

在创业中姜晓玉还遇到了清华毕业的汤翼老师。他们结识于一场公益大赛,起初这位导师只是深感学生创业的不易,随着后期对遇农项目了解的深入,他更加肯定了项目在商业和公益方面的双重价值,开始一路陪伴着遇农团队的成长。"最开始只有我一个人在为了我的家乡追梦。现在,我和我的团队,和这些志愿者,和我的导师有了共同的情怀,有了我们一群人在追同一个乡村振兴的梦。"

数字化时代的乘风而上与借势而行

2020年恰逢疫情风波和短视频的兴起,姜晓玉与当地政府充分沟通后迅速搭建了一个短视频平台。通过短视频宣传预热、直播当地的农民丰收节,"遇农"项目获得了当地乡村振兴平台的报道,引发了广泛关注。"有很多的当地的合作社知道了我们在做短视频平台,我们借此机会精准对接到了非常多的目标客户。"

"遇农"的运营模式主要以姜晓玉所擅长的自媒体营销和品牌打造为主。针对家乡的农产品进行实地调研和溯源,在确保产品质量的情况下,与合作社签订协议,帮客户完成品牌打造,并在线上渠道营销和推广。

"农产品其实没有太大的创新空间。农产品之所以能获得人们的信任,最关键的点在于产品的品质。"姜晓玉认为,农产品数字化创新的核心就是产品溯源链与产品的质量检测。除此之外,姜晓玉的团队会从农产品的特色出发,撰写带有故事性的推广文案,并紧跟当下市场需求,更新产品包装,利用线上线下结合的方式拓宽产品销售渠道,让更多人能买到颜值和品质并重的农产品。

"我记得家乡当时要拍摄一个为家乡农产品代言的宣传片,当地做电商的朋友就向电视台推荐了我。在拍摄的过程中我通过电视台了解到我们当地媒体的一些现状。我也对'遇农'项目的社会责任有了一定了解,未来我会继续通过新媒体这个方式去拓展家乡特产的销量。"姜晓玉立志于把家乡的农产品推向更广阔的市场。

了解到农村电商对于农产品营销知识的匮乏后,姜晓玉带领大学生团队不断产出农产品营销知识相关的课程,为全国各地的农村电商、当地村官及有意向返乡创业的大学生提供案例支持。这些课程受到多个线上平台的转载,以及《大学生》和《中国合作经济》等纸媒杂志的刊登,助农案例也被华东师范大学《扶贫路上的三个"青年人"》所记载。

女性创业团体的温暖力量

"遇农"的盛况并没能维持太久,因为资金的缺失和疫情的影响,姜晓玉渐渐对带动"遇农"这个创业项目感到无力。但是她没有轻易放弃,而是选择去提升自己,然后以更好的状态继续实现她的情怀和梦想。

"在孕育乐享女性创业大赛中,我们能够得到一些专家的建议和指导,这个其实对我们的项目非常重要。因为我们的项目就是在不断参加比赛的过程中去完善的。"姜晓玉十分热衷于在线下参加女性创业活动。她认为参与线下活动可以看到很多同类型的项目。更重要的一点是,能够更好地和同类型或者说跨行业的女性创业者进行交流。姜晓玉在活动交流过程中与各行各业的女性创业者谈下初步的合作,也将自身的农产品创业项目和其他行业进行了跨行业的碰撞。

参与这样的活动能让她感到更加自信,姜晓玉由衷地感叹:"当我对我自己不自信的时候,我对我做的事情也会不够自信。但是当我通过不断学习专业的创业知识,觉得我自己能够成为一个合格创业者的时候,我也会坚信我的项目会做得更好。"正是在和大家交流的过程中,她逐渐挖掘出自己项目的优点,开始带着新思路重启项目。

"我的客户至少有80%是女性,我非常享受女性团体所带来的温暖和力量。当我们坐在一起,我们会从细节关心和关注彼此,也会愿意无条件陪伴和支持彼此的成长,这是在当下的创业大环境中所感受不到

的。"姜晓玉的创业初始团队也是在一群又一群女大学生的支持中不断完善的,正是因为有了创业姐妹的鼓励和支持,她才能更加客观地看待自己、看待"遇农"这个项目,并不断带领她的团队为乡村振兴增添一份女性的力量。

(姜晓玉曾获上海市大学生科技创业基金会"天使基金"资助)

夷合——远方的朋友请留下来

普陀区孕育乐享丽人创业计划(六)参与者——沈秋静是夷合(上海)咨询策划有限公司(以下简称"夷合")的创始人。她用热爱打开沟通的门窗,用诚恳连接沟通的桥梁,用真心温暖沟通的双方。

她为外籍客户在上海安居乐业提供一站式咨询和服务,以成功办理外国人来华就业许可证和居留许可为主导,有效整合财税、法律、租赁、保

险等合作方,全方位满足外籍人士来沪工作、创业、定居的各阶段需求。在客户眼中,她是贴心的好帮手,是事业的好伙伴;在同事眼中,她是充满干劲的领导者,是温暖乐观的好朋友。

突破自我,在逆流中捕捉新机遇

2019年,刚刚35岁的沈秋静遇到了职业瓶颈,她给自己的职业生涯按下了暂停键。"我当时整个人的状态是需要调整的,需要对自己进行复盘和自我认知方面的学习。"沈秋静沉下心来,进行了一整年的学习与调整,对自己未来规划也渐渐有了雏形。沈秋静在盘点了自身十几年的工作领域和经验后,她没有贸然创业,而是进行了探索和市场实践。

最初,出于对教育的关注,她来到了外语教育行业就职,负责外教老师的招聘和教学计划。"不可否认,我当时看到了一些教培行业的乱象,大部分的外籍老师没有工作许可证,外教工作岗位也非常不稳定。上海的涉外咨询服务市场需要有更专业的团队,不仅要能够提供全方位的咨询服务,更要能代表上海品牌、保证服务质量、体现上海形象。"

随后,沈秋静入职了一家主营办理外籍人士工签的人力资源公司,让她更深入了解了这一领域的需求。凭借多年外企工作经验和对外籍人士在我国生活、就业需求痛点的了解,沈秋静在深思熟虑下,成立夷合,为在沪外籍人士提供创业、就业、生活方面的服务和帮助。

"因为我不仅仅是想做好外籍人士的签证问题,更希望与夷(外籍人士)合作,让客户在上海安居乐业。"夷合创办一年来,从最初摸索着定义业务涉及领域、发展模式,到逐渐优化操作流程、推广执行,每一步都是反复打磨与实践。如今,夷合能够为在沪外籍人士提供一站式咨询和礼宾式服务。服务以标准产品规模化为核心,以定制化半标产品为辅助。从入境前2个月到入境后1个月,从政策解读到个人证明,夷合多方面帮助来沪外籍人士在上海开展属于自己的事业和生活。

用心挖掘客户的真实需求,解决客户的实际问题,夷合尽可能连接上下游合作伙伴,结合最新的政策为客户提供最优咨询方案和落地服务,并将客户的需求传达给相关部门。不能说每个日日夜夜,但也可以说每一次客户的满意,都是夷合实打实的一次次用心付出。

后疫情时代,在困境中打磨自己

"我是疫情后创立的企业,我有心理准备,但是政策和全球局势变化太快,最终还是超出预期。"沈秋静在谈到困境时也毫无惧色。"2022年总体外籍人士在下降,这块市场在萎缩,那就更需要我们用心做好服务,深度挖掘需求,将服务产品标准化。"后疫情时代外籍人士入境更加困难,沈秋静迎难而上,用心揣摩夷合所能提供的服务,并在原有服务的基础上增加了针对疫情的特色服务包及合规咨询。

沈秋静在困难面前露出了微笑。"我希望能把幸福带给客户,这也是一直以来支持我的动力。我们做服务,就是希望客户在上海能安家,还能幸福地工作和生活。这是一个非常简单的愿望。因为简单,所以我们能够更加专注,更加垂直,更加沉淀。"每一次无论是签证成功,还是一份咨询报告的顺利通过,客户的满意都是她前进的动力,是快乐与幸福的欢喜。

"热爱、诚恳、用心。热爱是因为只有内心喜欢才有意愿做好,但是仅凭热爱却无法持续开展事业,只有用心的服务和诚恳对待每一位客户,才能换来客户的信任,客户信任才是业务拓展的基础。"

与客户成为好朋友是最值得沈秋静自豪的事情,客户也会经常邀请她参加活动,会介绍新的客户给她。优秀的服务埋下了信任的种子,并在一天天的陪伴中渐渐发芽长大,带来了丰硕的果实。

沈秋静的光亮也逐渐吸引了她人的加入:"我的合作伙伴增加了,我们能一起抱团取暖了。原先我不能兼顾的问题,现在能解决了。"她坚信只有内心充满幸福的人,才能更好地做服务,"我们团队的第一要务,就是团队成员都过得好,团队是我首先要服务好的对象。"和志同道合的人一起工作、共同学习、共创未来,在沈秋静看来是一件特别开心的事情。

有追求、有毅力、有亲和力

即使曾经有过辉煌,沈秋静还是毅然踏出舒适圈,选择去"折腾","我以前在世界 500 强企业工作多年,他们先进的管理理念和服务宗旨对我有一定的帮助。职业生涯最后 6 年陪跑 3 家创业型企业,对我是一种历练。"也正因为沈秋静发现了属于自己的追求、自己的爱好,并坚持在自己喜爱的事业中拼搏,才让我们看见了如今闪闪发光的沈秋静。"我很看好女性创业,现代女性有追求、有毅力、有亲和力,这是我们取得成功的亮点之一。"

沈秋静认为有些创业女性身上特有的素质是社会中所缺失的。"我不太喜欢将男性创业与女性创业进行对比,在我看来太过照顾女性反而适得其反。"

家庭多角色的压力和资金缺失的压力是创业女性共同的问题,沈秋静也不例外,但她在遇到这些时总能坦然面对,认为都是可以在发展过程中解决的。

女性创业大赛带给她的惊喜

女性创业大赛对沈秋静而言意义重大,各类创业大赛是夷合获取资金的重要来源之一。更重要的是,比赛提供了获得专家反馈的机会,而这些反馈与建议,正在塑造着夷合的未来。

沈秋静希望通过女性创业大赛,进一步提高女性的创业热情和创业干劲,结交各行业的创业女性,交流心得体会,进而增加女性创业的成功率。

创业不易,在自己热爱的领域绚丽绽放吧!

一路走来,沈秋静对于女性创业有着自己独到的见解。她认为创业女性需要照顾好身体,做自己热爱的事。只有热爱,才会有持续下去的动力,才会有不断钻研的精力,也才会发现最合心意的宝物,"多找伯乐,多见导师,不断提升自己"。沈秋静对自己的创业之路最满意的一点就是交到了很多朋友,也收获了友爱满满的团队。"女性在很多领域有优势,但是也要取长补短,切忌情绪化。"

创业不易,但在创业的过程中,你在不断学习中突破自己,探索自己,认识自己,这会是你这一生中别样的一段旅程。

(沈秋静曾获上海市大学生科技创业基金会"天使基金"资助)

四、报告提案

创"懿"有方,复工复产,"疫"不容辞!

为了响应上海市中小企业积极加快复工复产号召,海蕴于 2020 年 3 月对近百位女性创业者进行电话访谈,旨在对女性企业复工复产情况进行调研并分享经验,给予建议。

受访的绝大部分女性企业均在疫情中受到了或多或少的冲击,这些企业中大部分从事现代服务业,其中约有½从事教培行业,约⅓从事线下活动策划、家装设计进出口贸易等,除此之外还有一些对线下消费依赖度极高的企业,如酒店旅游行业,受冲击最大,目前业务处于全面暂停状态。

但从访谈中发现,受访女性企业中有部分提供咨询服务的企业由于企业本身就是以线上提供咨询服务为主业,还有从事健康服务企业可以提供疫情期间的防疫物资,企业逆势增长,因业务需要,近期有大量人员招聘需求。

一、女性企业复工复产情况

目前受访女性创业企业复工复产情况可总结为以下几个方面。

1. 复工进度

截至 3 月 31 日,在接受访问的女性企业中,64％的企业已完成全员复工,但有16%仍未开始复工。

在已经复工的企业(包括全员复工和部分员工复工)仅有两成企业完成了全员线下复工,绝大多数的企业采取线上线下协同复工。

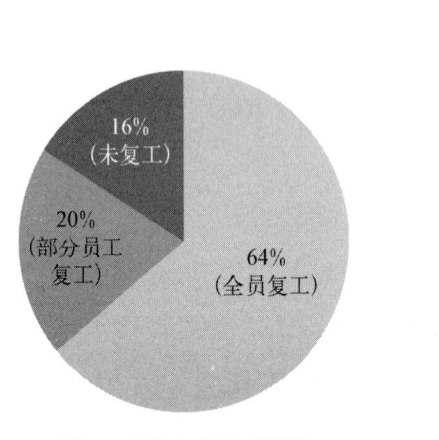

图1 女性企业复工情况

图2 女性企业复工形式

2. 营收业绩

教育行业创业女性反馈平均情况为企业营收大致为同比1/3,极端情况业绩仅为去年同期1/7。旅游服务行业相关从业女性的业务全面搁浅,其他行业也大多有不同程度的下滑。

涉及海外贸易的企业,如红酒等消费品外贸均受到不同程度影响,企业营收额总体呈大幅下降势态。

涉及工业配件生产的实业型企业大多已经复工生产,并未受到大的影响,但遇到一定的零配件采购困难。

有少量企业原本业务就是在线上开展或涉及医疗物资提供,故未受到影响并逆势增长,但因服务需求增加和承接的人力不足问题,遇到招聘和培训方面的难题。

3. 心理状态

半数以上的女性创业者面对长期不确定的疫情影响所造成的营业额

下滑与员工流失,其经营信心产生了一定的影响,并缺乏积极应对的措施,部分虽然现在仍选择坚持,亟须对公司未来发展进行重构规划以及面对不确定的焦虑感给予积极的心理辅导。

更值得关注的是,受访的创业女性大部分已经成家,面临孩子需要居家上网课照顾和兼顾企业复工的双重压力,需要社会给予更多的关注。

4. 危机管理

欣慰的是,也有近1/3的企业成功自救,疫情期间积极努力,例如开拓线上运营,完善更新公司产品,提前做公司下一年的目标规划等,更有一些女性企业与女性社会组织在疫情面前展现出了企业社会责任,向社区或抗疫前线捐赠防疫物资,并采取多样化的员工关怀措施积极履行社会责任。

二、复工复产遇到的问题

通过收集受访女性企业疫情期间所遇到的困难与问题并进行总结提炼,发现除了疫情带来的外部危机——线下消费能力降级、线下活动暂时中止以外,还暴露出了企业潜在的内部问题——对政府相关扶持政策缺乏了解,企业电子化办公程度较低,员工线上办公效率降低等问题。

1. 外部危机

(1) 线下消费能力降级

疫情发生后,传统餐饮、零售、酒店、旅游、娱乐、交通运输等行业受到重创,线下场景几乎全面停滞。据统计,疫情期间旅游行业、外出娱乐等行业约75%的消费者彻底取消支出,约17%的消费者减少了支出。在本次调查中从事酒店旅游业的企业被迫停业,零售业,尤其是进出口贸易企业受到很大冲击。

(2) 线下活动暂时中止

在女性创业服务行业中占比最多的教培行业不得不将线下培训转换

为线上网课形式,调查显示,七成以上的女性创业者表示线上授课的教学效果远不及线下明显,更有近1/3的企业表示在疫情前根本没有线上授课经验,也缺少线上平台资源与运营经验。其中幼儿培训类女性企业中仍处于未复工状态,由于无法开展业务而无法复工,前景堪忧。

2. 内部问题

(1) 对政府相关扶持政策缺乏了解

为进一步纾解受疫情影响的中小微企业经营困难,积极推动有序复工复产复市,上海市政府积极出台了相关扶持政策。但近半数的女性企业对这些相关扶持政策表示仅为表面知晓,缺乏深入解读和主动申请的积极行动。

(2) 企业信息化程度较低

在新冠疫情的影响下,2020年的春节假期被一次又一次延长,不少企业被迫选择线上复工,官方数据显示,国内有上千万家企业、将近两亿人次在家办公,也造就了这一时期企业纷纷采取远程交流、在线协作的方式开展工作。在受访企业中,有近半数的女性企业表示虽然有一些协同软件提供了远程沟通的便利,但企业没有进行过数字化的部署,业务流都还是在线下,在短期内无法将线下业务完全搬到线上,阻碍了经营活动的有效开展。

(3) 员工线上办公效率降低

本次访谈发现,近八成的女性企业表示在家在线办公效率远不及在公司办公,除了电子化办公不够普及,要从头学习如何充分利用办公软件去提高在线办公效率,还由于领导和员工还未建立"不见面雇用"的信任关系,其企业的制度和上层的领导力也限制了领导在不见面的情况下清晰传达业务目标,员工间的凝聚力在线上无法得到培养。

(4) 公司商业模式不清晰,顶层架构不完整

能持续盈利才能壮大企业,商业模式不清晰,"变现难"是目前大部分创业公司普遍存在的焦虑,这次疫情也是一剂催化剂,暴露出多数受访企

业因在业务、运营、财务等方面设置不够完善而出现的各种问题。

三、经验分享与建议

面对突如其来的疫情,虽然女性企业大部分遇到了不同程度的冲击,但绝大多数仍在坚持,主动承担起企业应有的社会责任,调查中有八成以上来自各个行业的女性企业领导人都坚持没有裁员,在业务量较少时仍以发放底薪的方式来与员工共渡难关。

结合上文提到的现状问题和部分创业女性的实践经验,建议创业女性在与疫情做长期的攻坚战时,考虑"内外兼修"的组合策略。

1. 对内

(1) 积极了解政府扶持政策

除了税收、社保方面的普惠政策外,面对企业经营的资金难问题,上海市政府出台了九方面26条金融举措,特别在中小企业金融扶持方面投入了很大力度。建议积极通过政府官方政策平台定期了解最新政策,并积极咨询,符合条件的企业尽可能积极申请,为企业缓解燃眉之急。

(2) 做好风险防控

面对目前的情况,企业也需要评估自身的发展风险,并做好积极防控。一方面,资金是企业的血液,面对不确定的发展环境,建议创业女性提前做好财务规划保障企业"血液"不断流;另一方面,因为疫情所造成的合同履约以及员工关系都需要专业的法律保障,目前很多政府部门,包括妇联都组织了不同的法律主题在线课程,甚至还有公益的法律咨询服务,希望创业女性能认识可能存在的法律风险,并通过学习和专业律师的咨询做好提前防控。

(3) 重视心理健康

同时不可忽视的是创业者本身的心理调适能力,面对发展和家庭责任的双重压力,建议女性创业者有自我觉察的意识,注意自身的心理健康,必要时通过妇联等部门的公益心理咨询热线获取帮助。

(4) 从线下"停工"到线上"练功"

企业可以利用停工期间组织职工开展职业培训,提升劳动者技能水平,上海市人社局也出台了支持线上职业培训的相关政策,帮助企业把线下"停工"转变为线上"练功",形成学习型组织的企业文化,为企业的未来增长做好能力储备。

(5) 系统化管理、标准化流程

可以利用疫情期间项目减少产生的空闲时间学习使用管理工具,如OA系统等流程平台来进行日常行政批复,留住档案资料,服务经验保留。定期对项目进行系统梳理,甚至可以对自身的明星项目做总结归纳提升,赋予其更高价值。

(6) 积极开展企业数字化/信息化部署

疫情为远程办公制造了"临时性刚需",等到疫情结束后,大多数企业还是会回到线下,但远程办公模式也因其高效性,尤其适合一些应急性或受限于距离的场景。调查显示,在疫情暴发前就已经普及远程办公的企业受到的冲击与影响都远远小于仅固定场所办公的企业。不仅是办公沟通,企业也需要思考经营业务流的数字化,加速企业的信息化部署,疫情是突如其来的偶然,却也给企业带来了警示,未来不论是否受制于疫情,企业如何将内部管理、业务开展、客户管理等业务等实现高效信息化管理是面向这个高速发展时代不可绕过的主题。

(7) 重构商业布局与顶层架构

疫情如同企业的试金石,企业需要在商业模式上布局的瑕疵被加速暴露了出来,因此广大女性创业者可以利用疫情期间提升自我,着重学习商业思维,通过重构商业布局与顶层架构渡过难关。

2. 对外

(1) 线下业务转型线上运营

针对服务行业占大头的教培类女性企业,由于培训市场疫情期间招生线下无法进行,大部分从业者纷纷选择了开展线上课程,但线上课程的开展并不是简单将传统的老师授课搬到线上,需要选择,甚至开发适用的技术平台,需要结合线上的特点重新调整授课方式和与学员的交互模式,也需要对课程进行专业的录制与制作,这对传统的线下教培企业来说是很大的挑战;但是面对疫情的影响和市场的需求,建议企业积极探索业务的线上转型,初期可使用现成的在线课程工具,并多学习优质的在线课程运作模式,在成本控制的情况下小步快走不断迭代,打造符合市场需求的线上内容产品。

(2) 传统营销方式转战线上

由于传统的线下宣传方式推广力度有限,影响范围狭窄,建议积极探索线上营销运营手段,利用线上秒杀、线上试体验等活动让利客户群体,一方面,形式新颖活泼,更具吸引力;另一方面,可以利用网络的力量增加自身企业的曝光度、公众平台的流量。

另外,特别是面对图文类内容已经形成了大量头部的情况,短视频、直播正迎来新的流量红利,"老牌网红"罗永浩抖音直播 PK "带货一姐"薇娅淘宝直播成了全民热议的焦点话题。"不会卖货的企业 CEO 不是一个好主播",类似噱头吸引了大批流量,创业女性可以尝试在布局短视频和线上直播方面进行破局。

(3) 与众人行,助人自助

最后,建议广大女性创业者们加强交流合作,通过创业女性服务平台和社群互相交流发展中的困难、分享经验,并获得更多的业务拓展资源及合作机会。平台社群中更丰富的信息和多元化的经验交流可以帮助女性创业者打开世界观,突破圈层,链接到其他不同行业的女性企业家,同时在心理上也能获得创业姐妹们的理解和支持,在疫情焦虑时期,通过人与人之间的真诚交流来完善自我认知、摆脱情绪内耗,共同渡过难关!

窗外已是春光明媚,愿各位创业女神积极拥抱变化,逆势飞扬。

"三孩政策"下如何通过支持女性创业就业平衡女性"生育权"与"发展权"

近年来,随着信息技术不断发展,又恰逢遇到新冠疫情,对当前经济发展下的创业就业环境带来了很大的挑战。国家也愈加重视在新的时代背景下对女性发展的支持,在2021年6月,"国家社科基金重点项目《数字时代女性创业的障碍及政策支持机制研究(20ASH012)》课题组"来到上海海蕴女性创业就业指导服务中心,深入了解创业女性在当前的实际需求,采访多个典型案例,以期形成研究成果作为国家进一步制定相关政策的重要决策依据。

在国家刚刚提出的"推进三孩生育政策"下,对于女性的自身发展向全社会提出了新的命题,需要动员广泛的力量来帮助做好女性"生育权"与"发展权"的平衡,从源头推动政策的实施。

在新政下,进一步支持女性的创业、就业发展,重视女性的"发展权"对于鼓励生育具有重要的意义。结合近年来对于女性创业就业的服务及过程中的思考,建议通过以下几个方面加强对女性创业、就业的扶持。

一、推动支持女性创业公益基金的建立

女性创业企业还是相对缺乏资金的直接支持。虽然在推动双创过程

中已有不少普惠的金融政策支持,但从调研数据可以看到,在初始投资方面,有 40% 的被调查者的初始投资不足 10 万元,有 69% 的被调查者的初始投资不足 30 万元。[①]

这一数据与男性相比有很大不足,其原因主要是受到了在性别意识上传统观念的影响以及家庭支持的制约。与男性相比,创业可投入资金的缺乏,严重制约企业的抗风险能力与可持续发展,使得很多有能力的女性创业者因为资金未达到起步临界点而最终失败,因此女性创业发展专项公益基金的设立和普及很有必要,能更好帮助有能力的创业女性迈过这个坎儿,带动社会观念的转变,提升成功女企业家的占比。

目前已经有专门针对大学生创业的公益基金(上海大学生科技创业基金,以下简称"EFG")成功运营了 10 多年获得了丰硕的成绩,这对面向女性的创业公益基金建立可提供较好的借鉴。这一基金的来源主要需要政府财政的专项拨款,也需要广泛吸收民间多元资本。

成立女性创业基金是前提条件,如何落实好则是必要条件。运营以及管理基金需要借助女性创业社会组织的力量,其专业程度和广泛的创业女性资源是管理好、使用好女性创业基金的双重保险。目前,海蕴正在积极与热心社会公益的女企业家代表沟通,进一步探索支持女性创业的专项公益基金的建立。

二、加强支持女性创业基地的设立

目前在普陀区妇联的积极推动下,已经在区内挂牌了包含女性创业基地、女性创业孵化基地、女性创业实践基地、女性创业示范点四类共 17 家女性创业基地,形成了在教育、心理、文创等方面的女性创业聚集产业

[①] 数据来源:2019 年,海蕴通过创业女性微信群、海蕴公众号、各地在沪商会等多个渠道征集了 151 份创业女性调研问卷,从中筛选出 100 份作为样本。

效应,延伸了妇联对于女性创业服务的日常抓手,通过基地的落地服务可以更近距离服务创业女性,形成对女性友好的特色营商环境建设。

与此同时,基地与原有园区的关联度,以及重视程度不同,反映出在"相关政策支持"以及"运营机制保障"两个方面存在有待改善的空间,也作为未来加强女性创业基地建设着重研究的方向。

为了进一步发挥好女性创业基地对于创业女性的支持作用,建议继续在更广泛的层面形成女性创业基地的准入标准与运营模式,推进政府与企业资源共同成立女性创业基地,特别在产业方向上集聚与儿童教育、文创、美丽健康等女性创业为主的行业,依托各女性创业基地自身优势,结合女性创业社会组织的服务特色和专业性,在实际帮助政策落地、服务落地的基础上也能够形成女性创业相关产业的集聚效应,推动资源整合,助力创业女性发展。

三、重视女性创新创业教育的支持

除了资金以及环境的支持外,女性如何在未来经济发展中建立起竞争能力,创新创业的教育尤为重要。未来人工智能、互联网、新算法经济的发展正在重新定义劳动力并重塑经济,特别是在目前推进数字转型的时代背景下,对于女性参与创新创业,乃至女性的就业都带来了挑战,其中不乏新的机遇。如何更好地看清时代发展的趋势,形成自身的能力,都需要通过开展专业的创新创业教育帮助女性更好面对未来,实现自我发展。

在亚基会支持下,海蕴自主研发了一套面向女性创业的公益系统课程(包括8个模块,22门课程),目前已经在进行第九期,累计服务达300余人,根据学员的需求2021年加入数字化转型的主题,与时俱进贴近创业女性的发展需求,在学员反馈调研中得到了积极正向的反馈,在过程中得到了市经信委所属上海企业云、企业志愿服务总队的指导和大力支持,而在项目开展过程中,因资金有限实际报名人数超出公益项目能够承担录取人数的数倍以上,创业女性对此需求量非常大,而在创业初期往往支付能力有限,目前的社会投入资源也很有限,造成了许多需求无法被响应和支持。我们呼吁社会进一步支持女性创新创业教育机构,专注于女性的创业就业发展教育,进一步扩大覆盖面,为更多创业女性提供系统的培训赋能。

四、搭建女性灵活创业就业平台,完善相关支持政策

女性因生育造成职业中断与重返职场的困难普遍存在,而在三孩政策下,可以预见这个问题将更加突出,女性越发迫切需要在兼顾亲子抚育(生育权)与自身事业(发展权)中寻得平衡,如无法解决这一问题,将严重影响女性的生育意愿。

为女性搭建并提供灵活创业就业平台具有更加广泛的适用性和覆盖影响力。在数字化时代背景下,对于女性的就业形式也给予了更多元的选择。实现灵活就业是平衡女性生育与发展较为有效的解决方案。

海蕴目前在民政的支持下开展此类项目的尝试,过程中也出现了新的问题。哪些岗位适合灵活就业、就业技能的培训、对于灵活就业劳动者的社会保障,背后需要妇联、人社、民政、教育等多部门协作并联合广泛的社会力量,搭建专业的社会服务平台支持服务女性灵活创就业,平台不仅需要挖掘现有业态中适合女性灵活创业就业的岗位,同时需要积极探索符合未来社会需求的新型职业(如社群管理师、家校沟通师等)并组织提供专业的岗位培训。通过专业社会服务组织的运营使其在企业端、女性求职者端,以及政府监管端搭建平台,做好岗位对接、培训支持、供需方的评价体系以及相关的保障支持。

支持女性创业就业是符合新的人口生育政策以及科学技术发展趋势下的系统性工作,需要自上而下的和自下而上的力量双向共同支持发展,

不仅需要政府部门的力量,也需要整合发动更多专业的社会组织服务机构,乃至家庭共同营造对于女性经济赋权友好的良性环境,不断通过政策和保障体系的完善、方法的创新,帮助女性树立信心平衡自身"发展权"与"生育权",进一步激发女性力量对于经济发展和社会进步的重要价值。

图书在版编目(CIP)数据

数创时代向善向美：上海创业女性案例与访谈录：2019—2022 / 杨震，忻敏洁主编 .— 上海：上海社会科学院出版社，2022
 ISBN 978-7-5520-4026-5

Ⅰ.①数… Ⅱ.①杨… ②忻… Ⅲ.①女性—创业—案例—上海 Ⅳ.①F241.4

中国版本图书馆 CIP 数据核字(2022)第 247758 号

数创时代向善向美
—— 上海创业女性案例与访谈录(2019—2022)

主　　编：	杨　震　忻敏洁
责任编辑：	董汉玲
封面设计：	陈雪莲
出版发行：	上海社会科学院出版社
	上海顺昌路 622 号　邮编 200025
	电话总机 021-63315947　销售热线 021-53063735
	http://www.sassp.cn　E-mail:sassp@sassp.cn
排　　版：	南京展望文化发展有限公司
印　　刷：	上海天地海设计印刷有限公司
开　　本：	710 毫米×1010 毫米　1/16
印　　张：	18
字　　数：	243 千
版　　次：	2022 年 12 月第 1 版　2022 年 12 月第 1 次印刷

ISBN 978-7-5520-4026-5/F·724　　　　定价：75.00 元

版权所有　翻印必究